JN421663

논리적으로 말하기

김규현 지음

SNA 연기스피치
저자 직강 및 동영상 강의

요즘 온라인으로 인강, 유투브 라이브 방송을 하는게 대새이다. 말을 논리적으로 한다는 것은 화려한 미사여구로 청중을 현혹하는 것이 아니다. 내용이나 의견을 얼마나 객관적으로 설득력 있게 표현할 수 있는가가 논리의 핵심이다. 논리적인 말하기는 필수이다.

지오아카데미

저자 **김 규 현**

동국대학교 연극영화과를 졸업 후 서울대 대학원 공연예술학과에서 특별전형으로 공부를 했으며, 스피치 경력은 현재 SNA연기스피치 대표 강사로 소상공인 스타강사와 더불어 금융위원회, 현대백화점, 외국계기업 등 500회 이상의 강연 경험과 대기업, 공무원, 은행 임원 스피치 지도, 영어스피치 대회 및 스피치 대회 100여 명 입상 지도경험 그리고 머니투데이와 매일경제에서 방송을 진행하고 있다.

또 배우로서는 상업영화에서 04년도에 "바람의 파이터" 야쿠자(조단역), 15년도에는 영화 " 학교반란" 오 형사(조연), 내부자들, 그리고 드라마 등에서 다양한 역할을 했고, 연극은 " 장엄한 예식", "사천의 착한여자", " 시련", " 벚꽃동산" 등 20여 편에서 주, 조연 역할을 맡았으며 현재도 배우로서 왕성한 활동을 하고 있다.

주요 저서로는 "연기스피치 시리즈"와 " 감성스피치"가 있다. 그중, 대화법 - 『마음을 움직이는 대화법』, 『영리한 대화법』, 『감정표현을 통한 처세법』이 있고, 발표법 - 『실전 목소리훈련』, 실전 면접』, 『실전 스피치』, 『실전 프레젠테이션』이 있으며, 연기 - 『남자 실전연기』, 『여자 실전연기』가 있다.

SNA연기스피치

홈페이지 **www.esna.co.kr**
이메일 **kkhyun1004@hanmail.net**
블로그 **http://blog.naver.com/cello4225**
페이스북 **https://www.facebook.com/sna4225**
인스타그램 **https://www.instagram.com/kim_kyou_hyun/**

논리적으로 말하기

초판인쇄 2020년 6월 1일
초판발행 2020년 6월 1일

저　자 김규현
펴 낸 곳 지오아카데미
주　소 서울 중구 퇴계로 213 일흥빌딩 408호
등　록 2016년 3월 7일 제395-2016-000014호
전　화 02)381-0706 | **팩스** 02)371-0706
이 메 일 emotion-books@naver.com
홈페이지 www.geobooks.co.kr

ISBN 979-11-87541-82-0
값 15,000원

이 도서의 국립중앙도서관 출판예정도서목록(CIP)은 서지정보유통지원시스템 홈페이지(http://seoji.nl.go.kr)와 국가자료공동목록시스템(http://www.nl.go.kr/kolisnet)에서 이용하실 수 있습니다. (CIP제어번호 : CIP2020015694)

이 책은 저작권법으로 보호받는 저작물입니다.
이 책의 내용을 전부 또는 일부를 무단으로 전재하거나 복제할 수 없습니다.
파본이나 잘못된 책은 바꿔드립니다.

머리말

왜 논리적으로 말하는 것이 중요할까?

먼저, 말을 논리적으로 한다는 것은 이야기를 이치에 맞게 표현하는 것이다.

바꿔 말해, 말을 하는데 있어 이치에 맞지 않으면 상대방의 마음을 움직일 수가 없다는 의미이다.

말을 조리 있게 하면, 대화나 토론 등을 할 때 상대방의 마음을 논리적으로 움직일 수 있는 큰 힘이 생긴다. 그렇기 때문에 말을 논리적으로 하게 되면 대화나 협상 등의 자리에서 엄청난 설득력을 지닐 수 있다.

특히, 백분토론 등의 토론회를 보면 자기주장을 근거 없이 피력하는 경우를 많이 볼 수 있다. 즉, 정확한 출처 없이 자기의 주장이 마치 진리인 것처럼 설득을 하는 경우가 많다. 그럴 때마다 아직도 토론에 대한 태도와 논리가 성숙하지 못하다는 생각을 자주 하게 된다. 또한, 말에 오류가 많아 설득력이 떨어지는 경우도 많이 볼 수 있다.

설득력을 갖추려면 기본적으로 논리적으로 말해야 한다. 그리고 논리적으로 말하기 위해서는 두 가지가 수반되어야 한다.

첫번째는 말의 핵심이다.

어떤 분들은 말은 참 잘하는 것 같은데, 얘기를 듣다 보면 핵심이 없는 것 같고, 어떤 분들은 재미있게 말을 하는데 두서가 없는 경우가 많다. 그만큼 논리는 말의 핵심을 이어갈 수 있게 만드는 중심축이다.

예컨대, '저는 이 자리에서 말하고자 하는 것이 있습니다. 그것은 우리나라의 문제입니다. 어느 날 제가 우연히 길을 걷는 데 거리에 길고양이가 넘쳐나는 것을 볼 수 있었습니다. 그리고 손에 손을 맞잡은 많은 남녀 커플도 볼 수 있었습니다. 하지만 중요한 것은 화려한 간판들입니다.' 이게 과연 무슨 얘기인가?

처음은 나쁘지 않다. '우리나라의 문제'에 대해 얘기하고자 하는 의지가 보인다. 그러다가 길고양이, 남녀커플, 간판의 이야기로 넘어갔다. 즉 말의 핵심이 없어지다 보니, 횡설수설하고 산만한 전개가 되었다. 그만큼 '핵심'은 나무의 뿌리처럼 중심을 잡아주는 역할을 한다.

'일관성' 역시 논리에 있어 중요한 부분이다. 일관성은 나무의 줄기와 같다. 뿌리가 탄탄해서 나무가 생겼는데 줄기가 바르게 성장하지 않으면 나무가 휘어 버리고 만다. 그렇기 때문에 조리 있게 말을 하려면 일관성을 가지고 짜임새 있게 이야기를 전개해야 한다.

마지막으로 오류나 논리적 비약을 주의해야 한다. 논리를 펼칠 때, 논리의 오류가 있거나 논리적 비약이 발생하면 설득력이 떨어지기 때문에 듣는 이의 공감을 얻기가 힘들어진다.

말을 조리 있게 잘하는사람이 성공한다.

말을 논리적으로 잘하게 되면, 최소비용으로 최대효과를 얻을 수 있고, 경제적인 가치가 충분한 메리트를 얻을 수 있다.

비단, 경제적 효과뿐만 아니라 대화, 판매, 협상, 토론에서 사람들을 설득하고 내 편으로 만들 수 있는 엄청난 효과를 얻을 수 있다.

이 책은 말을 논리적으로 잘 할 수 있는 실질적인 방법을 제시한다.

논리를 기반으로 해서 대화, 소통, 면접, 프레젠테이션, 토의, 토론 등 일상의 스피치에서 조리 있게 말을 잘하는 모든 방법을 제시한다.

또한 단순히 책을 읽는 것이 아니라 직접적인 훈련을 하면서 말을 조리 있게 잘 하는 방법을 제시해 주는 책이다.

책을 다 읽고 난 후 하루하루의 일상이 행복해 지고 사람들을 대면하는 것이 즐거워졌으면 하는 바람이다.

- 2020년 봄 어느 날... 김규현

C O N T E N T S

1부

말을 논리적으로 하려면?

2부

논리적 구성

3부

논리적 방법

4부

실수의 유형

5부

설득을 이끄는 방법

6부

실전 논리적 말하기

1장

말을 논리적으로 하려면?

1

말을 논리적으로 하려면?

논리란?

말을 논리적으로 한다는 것은 화려한 미사여구로 청중을 현혹하는 것이 아니다. 내용이나 의견을 얼마나 객관적으로 설득력 있게 표현할 수 있는가가 논리의 핵심이다.

그렇다면 '논리'란 무엇일까?

말 그대로 풀이하면, 말이나 글에서 사고나 추리 따위를 이치에 맞게 이끌어 가는 과정이나 원리를 말한다.

즉, 이치에 맞게 이야기를 하는 것이 논리의 핵심임을 알 수 있다. 여기서의 이치란 사물의 정당한 조리, 또는 도리에 맞는 취지라 할 수 있다.

다시 말하면, 이치에 맞지 않은 이야기는 논리적이지 않다고 말할 수 있다.

우리가 어떤 사람의 이야기를 들을 때 '참 논리적이다.' 또는 '논리적이지 않다.'라고 말할 때가 있다.

'논리적이다. 논리적이지 않다.'라는 말은 무엇일까?

논리가 '사고나 추리가 이치'라는 말이므로 '논리적이다'는 말은 '사고나 추리가 이치에 맞다'라고 풀이할 수 있다.

예를 들어, '남한에서 가장 높은 산이 무슨 산인지 알아? 그것은 바로 백두산이야. 백두산은 해발 2744미터로 해발 1950미터의 한라산보다 약 800미터가 더 높아.'라는 말을 살펴보자. 이 말은 논리적인가? 답은 정답이 아니다. 논리적으로 그럴싸해 보이지만 백두산은 남한이 아니라 북한에 위치해 있으므로 질문의 전제인 '남한에서 가장 높은 산'이라는 말에는 부합하지 않는다. 즉, 말이 이치에 맞지 않는다고 할 수 있다. 이처럼 '논리적이다'는 말은 이치에 맞다와 부합해서 생각할 수 있다.

그렇다면 왜 논리적으로 말하는 것이 중요한 걸까?

우리가 말을 하려는 이유는 상대방에게 자신이 말하고자 하는 내용을 분명히 전달하거나 재미있게 설명하거나 상대방을 내편으로 만들기 위해 설득하는 경우이다.

즉, 상대방을 내 편으로 만들기 위해 내용을 분명히 전달하기 위해서 논리가 필요하다고 할 수 있다. 바꿔 말하면, 상대편에게 내용을 분명히 전달하지 못할 때는 논리적인 설득을 할 수 없다고 말할 수 있다.

그렇기 때문에 상대방이나 청중에게 이성적인 설득력을 높이기 위해서는 논리적으로 말하기 는 것이 필수적이다. 논리적으로 말을 하기 위해서는 어떠한 과정이 필요한지 그리고 논리적으로 말을 하는 데 있어 어떤 부분이 불필요한지를 구체적으로 살펴보는 것이 중요하다.

말의 핵심이 중요하다

논리에 있어서 '어떤 말을 해야 할지'를 생각하는 것은 매우 중요하다. 말의 논리란 이치에 맞게 자연스럽게 이야기를 연결하는 것이기 때문에 말하고자 하는 핵심이 분명해야 이야기의 연결고리도 더욱 탄탄해진다.

대화나 발표를 할 때도 가장 먼저 생각해야 하는 부분이 '핵심키워드'이다. 과연 어떠한 주제를 가지고 청중과 소통할 것이고 상대방을 설득할 것인지가 그 무엇보다 중요하다. 그리고 그러한 핵심키워드를 가지고 이야기 구성으로 이어지는 유기적인 생각을 해야 한다.

어떠한 이야기를 하더라도 핵심키워드가 분명하면 그 이야기는 중심이 잡히지만, 핵심이 없으면 이야기가 산만해진다. 따라서 어떤 이야기를 할지를 고민하는 것이 우선이 되어야 한다.

예를 들어, 핵심키워드가 '자기소개'라고 생각해보자. 자기소개에서 성격, 가치관, 취미, 특기 등이 파생될 수 있다. 그러한 이야기의 중심은 '자기소개'임을 잊어서는 안 된다. 그런데 이 나의 소개가 '인상적인 나의 소개'와 '재미있는 내 소개'라는 제목에 따라 성장배경, 성격, 취미 등이 달라질 수 있다. 예를 들어, '인상적인 나의 소개'라는 핵심키워드를 가지고 이야기를 구성한다면 살아오면서 인상적이었던 경험과 일화 그리고 나만의 특이한 성격이나 취미 등을 얘기하는 것이 어울린다.

또한, 핵심키워드가 '재미있는 내 소개'라면 내가 그동안 살면서 경험했던 재밌었던 에피소드와 성격 등이 주를 이뤄야 한다. 다시 말하면, 핵심키워드에 따라 목차가 일관성 있게 흐름을 맞춰나가야 하고 그 흐름은 진부하지 않고 짜임새가 탄탄해야 한다는 의미이다.

다음의 문장을 살펴보자.

'걸핏하면 화를 내서 주위 사람들까지 어쩔 줄 모르게 만드는 사람은 방치하면 안 된다. 간헐적으로 화를 내며, 분노를 참지 못하는 것을 분노조절장애라고 한다. 먼저 분노조절장애가 있는 사람들은 기대치를 낮추는 것부터 배워야 한다. 기대치를 낮추면 상대방에게 더 이상 기대할 것이 없기 때문에 스트레스를 받지 않는다. 스트레스야 말로 만병의 근원이다. 한국 사회는 각종 스트레스가 만연되어 있다. 직장상사, 부모와 자식, 이성, 세대 등의 인간관계에서 우리는 수많은 스트레스에 노출되어 있다.'

위의 문장은 핵심키워드가 모호하다. '분노조절장애'를 말하려고 하는 것인지, '스트레스'에 대한 얘기를 하는 것인지가 분명하지 않다.

핵심이 분명하지 않으면 이야기가 흔들리고 산만해지기 마련이다. 즉, 몇 단 형식이든 어떤 전개이든 핵심이 튼튼하고 구체적이면 그 스토리는 흔들리지 않는다는 것을 명심하자.

일관성 있게 말하라

이야기는 결국 화자가 말하는 주제를 얼마나 핵심적으로 보여주는가이다. 이야기가 짧거나 길거나 핵심이 분명하면 그 내용은 흔들리지 않는다. 핵심을 지탱할 수 있는 구성이 바로 일관성이다.

이야기를 나무라고 한다면, 나무의 줄기는 '핵심'이 된다. 이 핵심을 지탱하는 것이 바로 일관성이다. 즉, 핵심을 벗어나지 않게 나무줄기의 방향을 유지해 줘야 한다.

예를 들어, '대한민국의 삶의 질'이라는 주제를 가지고 "우리는 '한강의 기적'이라고 불릴 정도의 경제적인 성장을 이뤄냈다. 그럼에도 불구하고 우리는 OECD 국가 중에서 가장 낮은 행복지수를 가지고 있다. 이는 삶의 질보다는 보여주기 식 성과주의의 영향이 크다. 그로 인해 소득 불균형과 분배와 복지문제에 직면하고 있다. 이를 위해서는 GDP와 GNP의 성장에 보다 관심을 기울여야 한다.'라는 문장을 살펴보자.

서론 부분에서 우리나라의 경제성장에 대해 열거하고 있다. 본론에서는 이러한 결과주의를 지향하는 경제성장으로 인해 삶의 질과 복지가 낮아지고 있다는 부분을 강조하고 있다. 그런데 결론에서 GDP와 GNP를 키워야 한다는 부분은 서론과 본론의 삶의 질과 행복에 대한 이야기와 맞지 않는다. GDP와 GNP는 '국내 총생산'과 '국민 총생산'을 나타내는 지표이기 때문에 삶의 질보다는 결과주의를 보여주는 형태이기 때문이다. 그런 키워드는 청중을 산만하게 하거나 혼란을 야기 시킬 수가 있다. 그래서 꼼꼼히 이야기를 점검해야 한다.

또 다른 문장을 살펴보자. '저는 이 자리에서 말하고자 하는 것이 있습니다. 그것은 우리나 시민의식 입니다. 어느 날 제가 우연히 길을 걷는 데 거리에 쓰레기가 넘쳐나는 것을 볼 수 있었습니다. 그리고 지나치게 많은 자영업을 들 수 있습니다. 중요한 것은 무분별한 자영업으로 인해 국민들을 파멸로 이끈다는 점입니다.' 이게 과연 무슨 얘기인가?

처음은 나쁘지 않다. '우리나라 시민의식'에 대해 얘기하고자 하는 의지가 보인다. 그러다가 자영업의 이야기로 넘어갔다. 즉 말의 핵심이 없어지다 보니, 횡설수설하고 산만한 전개가 되었다. 그만큼 '핵심'은 나무의 뿌리처럼 중심을 잡아주는 역할을 한다.

또한, 축약성은 과연 그 이야기가 '꼭 필요한 부분인가?'에 해당한다. 이야기나 발표를 할 때는 필요한 이야기를 압축해서 얘기하는 것이 현명한 방법이다. 화자가 말을 할 때 반복적으로 이야기를 나열하거나 앞에 이야기 한 것을 비슷하게 말을 하면 이야기가 지루해지거나 산만해질 수 있다.

핵심키워드가 정해지면 과연 이야기가 바르게 흘러가느냐를 체크해야 하고, 꼭 필요한 이야기인가도 역시 확인해야 한다. 그렇게 다듬고 수정하다 보면 화자가 꼭 해야 하는 스토리를 전달 할 수가 있고 그러한 과정을 거쳐야 청중에게 논리적인 설득력을 심어줄 수 있다.

이야기를 할 때 먼저 주제가 무엇인지부터 찾아야 한다. 그러고 나서 일관성 있게 이야기를 전개해야 한다. 이야기를 전개할 때는 반복적인 부분이나 주제에 어긋나는 부분을 가려내고, 꼭 필요한 부분을 간추려야 한다. 그래야 청중들에게 조리 있게 이야기가 전달될 수 있다는 것을 명심하자.

Tip

1. 말하고자 하는 '핵심'을 분명히 전달
2. '가지치기'를 하면서 사족을 없앰
3. A-B-C의 구체적 흐름으로 전개

이야기의 뼈대를 갖춰라

논리적 전개(A-B-C)

우리는 금연을 해야 합니다. 흡연으로 인해 폐암, 간암 등 질병은 물론 간적흡연으로 인해 주위사람들에게도 영향을 주기 때문입니다. 금연을 함으로써 우리는 건갱하지는 것은 물론, 담뱃값 절약을 하는 일석이조의 이득을 취할 수 있습니다.

논리는 질서정연하게 말을 이끌어가는 필수조건이다.

어떤 분들은 말은 참 잘하는 것 같은데, 얘기를 듣다 보면 핵심이 없는 것 같고, 어떤 분들은 재미있게 말을 하는데 두서가 없는 경우가 많다. 그만큼 논리는 말의 핵심을 이어갈 수 있게 만드는 중심축이다.

논리의 뼈대를 세우는데 가장 중요한 부분은 '핵심'이라면 뼈대를 이어가는 것이 바로 '논리적 전개'이다.

위의 문장에서도 볼 수 있듯이, '금연'에 대한 얘기를 할 때 서론은 금연을 하자는 결론 그리고 금연의 이유와 필요성에 대해 본론을 이끌었다면 금연의 이익에 대해 결론을 말하고 있다.

이처럼 논리적 전개는 논리를 이끄는데 매우 중요한 부분이다.

예컨대, 우리나라 교육의 문제점과 개선방안을 얘기하는 데 있어서의 논리적인 전개는 다음과 같다.

먼저 서론에서, 우리나라 교육의 현재 상황을 얘기한다. 그래서 학생들이 무엇 때문에 고통 받고 있는지, 선생님들의 한국교육에 대한 고충은 무엇인지 등을 설명한다.

그리고 본론에서는, 본격적인 문제점에 대해서 얘기한다. 제도의 문제점과 자꾸만 바뀌는 현 제도에 대한 부분 등을 심층적으로 얘기한다.

마지막으로 결론에서는, 이러한 문제점을 개선할 수 있는 방안에 대해 설명한다. 앞으로의 대책과 교육의 개선방안 등을 구체적으로 얘기하는 것이다.

이때, 논리적 전개를 하는 방식에는 설명과 논증의 두 가지 형태가 있다.

먼저 구체적 전개가 있다. 구체적 전개는 예시, 인과, 비교, 대조, 비유 등의 전개방식이다.

가령, "저는 여행을 좋아합니다. 왜냐하면 여행을 통해 배우고 얻는 것이 많기 때문입니다." 이렇게 원인과 결과로 전개하는 방법이 인과전개이다. 비교는 "A와 B 운영방식을 비교해서 말씀드리겠습니다. A와 B의 방식의 공통점은 직영점을 키우는 운영방식입니다. 그리고 차이점은 대리점의 유무입니다."

"보편적 복지는 형평성에는 적합한 복지이지만, 효율성면에서 단점을 보이는 제도입니다. 예를 들어, 모든 실업자에게 무상으로 급여를 제공할 경우, 예산의 문제가 야기될 수 있습니다." 이러한 전개방식은 예시에 해당된다.

다음은 논증의 방식이다. 즉, 논리적으로 말하는데 있어서 설명의 방식은 쉽게 풀어서 얘기하는 것이라면 논증의 방식은 논리적으로 증명을 하는 방식을 말한다. 논증은 주장과 다르다. 주장은 자신의 기준을 가지고 어떤 것을 판단하는 것이지만, 논증은 구체적인 근거를 가지고 얘기하기 때문에 객관적인 설득력을 높일 수가 있다.

이처럼 이야기의 뼈대를 갖춰 설명과 논증의 논리적 전개를 통해 구체적으로 이야기를 해야 청중에게 논리적으로 설득을 할 수가 있다.

오류가 있으면 논리적이지 않다

1. 주어와 서술어의 일치
   (저는 회사를 가기 위해 아침 일찍이에요.)
2. 지나친 남용 주의
   (미용사에게 내 머리를 짧게 자르도록 시켰다.)
3. 지나친 생략 주의
   (쇼핑 하고 밥 먹고 데이트 했다.

논리에 있어서 중요한 부분은 '오류'를 없애는 일이다.

아무리 뿌리가 튼튼하고 나무의 줄기가 곧게 뻗어 나가도 나무에 벌레가 많이 꼬여서 나무를 갉아 먹으면 안 된다. 오류의 첫 번째 종류는 바로 바르지 않은 어법이다. 어법이 바르지 않은 논리는 나무를 갉아먹는 벌레와 같다.

어법에서 중요한 부분은 바로 '주어와 서술어'를 일치시키는 것이다. 가령, '철수가 급하게 뛰어 들어가서 머리를 잘랐는데 웃음이 났다.' 이 문장에서 가장 이상한 부분이 무엇인가? 그것은 바로 '철수'가 '너무 했다.'로 이어지는 엉성한 주어와 서술어의 연결이다. 즉, '어머니'가 뛰어 들어간 것이고, 웃음이 났다는 '내'가 웃음이 난 것이므로 주어와 서술어가 일치하지 않은 문장이 된다.

주어와 서술어가 일치하지 않으면 마치 얼굴은 사람인데 다리는 물고기의 꼬리지느러미와 같은 이상한 형태가 되어 버린다.

그렇기 때문에, 어떤 논리를 전개하기 위해서는 반드시 주어와 서술어를 일치시켜야 한다.

그다음은 지나친 남용과 생략이다. 위의 문장은 '미용실에'라는 부사어가 생략되어 있고, '웃음이 났다.' 앞에 '나는 그 모습을 보고'라는 주어와 부사어가 들어가야 한다.

또한, 접속사의 문제도 중요하다. 문장은 인과관계, 비교, 대조, 유추, 예시 등으로 이루어진다. 여기에 적합한 접속사가 들어가면 논리는 물 흐르듯이 자연스러워진다.

문장의 남용도 논리를 방해하는 요소가 될 수 있다. "머리카락을 자르도록 미용사에게 시켰다." 라는 문장 역시 불필요하게 사역동사의 남용을 통해 어색함을 만들고 있다. 이때는 "미용사가 내 머리카락을 잘라 주었다." 라고 말해야 한다.

부정확한 근거
우리는 지금 저성장의 늪에 빠져 있습니다.
제가 아는 통계에 의하면 현재 한국은 2.2%의 경제성장을 하고 있다고 들었습니다. 앞으로 경제전망은 더욱 어둡습니다. 정경유착, 부패 그리고 정부의 안일한 대처가 커다란 원인입니다.

부정확한 근거 역시 논리를 갉아먹는 부분이다.

위의 문장에서 볼 수 있듯이 '한국의 경제성장'에 대해 이야기 하고 있는데, '제가 아는 통계에 의하면'이라는 부분이 근거가 부정확하다. 근거가 부정확하면 이치에 맞지 않아 사람들의 신뢰를 얻지 못한다. 즉, 논리가 부족해서 설득력이 떨어진다.

또한, 출처 역시 중요한 부분이다. 어떤 기관에서 조사했는지, 몇 명을 통해 조사를 한 것인지, 오차범위는 어떻게 되는지를 정확히 나타내야 더욱 신뢰를 얻을 수 있다.

이외에도 많은 오류의 종류가 있지만 가장 기본적으로 논리를 갉아먹는 오류가 바로 어법과 부정확한 근거에 의한 오류이다.

상대방의 의견을 존중하라

논리적으로 말을 하려면 먼저 상대방의 이야기를 듣는 것이 중요하다.

흔히 오해하는 부분 중에, 말을 잘한다는 것이 자기 얘기를 잘하는 것이라고 생각하는 점이다. 경청이라는 것은 단순히 말을 들어주는 것이 아니다. 상대방의 이야기에 적극적으로 관심을 가지고 이해하는 것이다.

즉 경청의 의미는 상대방의 얘기를 소극적으로 듣는 것이 아니라, 진심으로 상대방의 이야기를 들어주는 것이다.

특히 토의나 토론 자리에서 자기주장만 나열하거나 자기는 옳고 상대방은 틀리다는 식으로 몰아가는 경우가 많다.

"일자리를 많이 늘리는 것이 아니라, 일자리를 어떻게 늘리는 가가 더 중요합니다."라고 일자리 정책에 대해서 얘기하는데, "그건 됐고요.", "그건 아니죠."라고 얘기하는 것은 상대방을 존중하지 않고 자신의 이야기와 주장만 앞세우는 것이다.

"일자리를 늘리는 방법 역시 중요합니다. 하지만 지금 우리의 문제는 청년실업과 취업문제입니다. 그렇기 때문에 어떻게 보다도 얼마나 늘리는가를 더 생각해야 합니다."라고 이야기 하는 것이 상대방의 얘기를 듣고 나서 자신의 이야기를 주장하는 성숙한 토론이라 할 수 있다.

논리적으로 이야기를 하려면 먼저 상대방의 이야기를 들어야 한다. 자기의 의견만 중요하고 자신의 주장만 옳다는 생각은 토론이나 토의에서 매우 무례한 행동이다. 자신도 중요하지만 상대방의 의견도 중요하다는 생각을 갖춰야 일방적인 주장이 아닌 소통의 장을 마련할 수 있다.

특히, 100분 토론이나 정책, 선거와 같은 토론회를 보다보면 '나는 옳고 너는 틀리다.'는 주장이나 '나의 생각만 중요하다.'는 무소불위의 의견을 펼치는 사람들을 많이 볼 수 있다. 상대방을 무시하거나 아예 상대방의 의견을 받아들이지 않는 토론은 감정을 상하게 만들고, 논리보다는 감정을 앞세우기 때문에 올바른 토의나 토론을 이끌기가 어렵다.

토의나 토론 모두 소통이 중요한 부분이다. 소통이라는 의미는 '말이나 대화의 통함'이 전제가 되어야 하기 때문에, 일방적인 의견이나 주장은 매우 시대착오적인 부분이라 할 수 있다.

논리적인 사고를 키워라

가끔 스피치 강의를 하다 보면, 분명히 내용은 좋은데 기억에 남는 내용이 없는 스피치를 하는 학생들을 줄곧 보곤 한다.

그 이유는 내용은 좋은데 그 내용을 논리적이고 조리 있게 말하지 못해서 그런 것이다.

예를 들어, '꿈의 중요성'에 대해 얘기를 하는데, 왜 목표를 생각하는 것이 좋은지, 목표를 가지면 우리의 삶에 어떤 변화가 있

는지를 얘기하다가 '가치관'으로 주제가 넘어가거나 아니면 아예 다른 내용으로 주제가 바뀌게 되면 듣는 사람들은 그때부터 삼천포로 같이 빠지게 되는 것이다.

그렇기 때문에, 말을 논리적으로 하려면 자신이 얘기하는 바를 일관되게 끌고나가는 습관을 기르는 것이 중요하다.

예전에 초창기에 강의를 하다가 '행복'이라는 주제를 가지고 얘기를 하는데, 청중들의 반응이 없자 저도 모르게 갑자기 청중들의 반응이 없자 갑자기 살면서 '실수'를 했던 에피소드를 얘기했는데 오히려 더 분위기가 냉랭했던 기억이 있다.

그 기억은 나에게 악몽과 같았다.

왜냐하면, 그 강의는 청중들에게 어떠한 주제를 갖고 얘기를 한 것도 아니고 재미도 없고, 즉 기억에 남는 강의이기는커녕, 기억 속에 지우고 싶은 강의이기 때문이었다.

그때 느꼈던 부분은 반드시 어떠한 주제를 갖고 얘기를 할 땐 그 논제에서 벗어나지 않도록 흐름을 유지하는 것이 중요하다는 것이었다.

그 흐름을 가지고 얼마나 일관되게 얘기를 할 수 있는가가 바로 조리 있게 말하는 능력이다.

조리 있고 논리적으로 말을 하려면, 평소에 어떠한 주제나 내용을 가지고 얘기할 때 욕심을 부리지 않고, 일관되게 얘기를 할 수 있도록 말하는 습관이 중요하다.

가령, 말을 하다 보면 '내가 어디까지 얘기했더라?' 또는 '무슨 내용을 갖고 얘기를 하는 거지?'라고 되묻는 경우가 많다. 그렇기 때문에, 논지에서 어긋나지 않도록, 일관성 있는 태도와 말의 내용을 유지하는 습관이 반드시 필요하다.

가령, 무슨 말을 할 때, A - B - C의 흐름으로 얘기를 하라고 지도를 하고 '실수'라는 주제를 갖고 얘기할 때 '보편적인 실수' - '나의 실수경험' - '앞으로의 각오' 등의 '흐름'을 잃지 않기 위한 훈련을 지속적으로 하면 논리적으로 말하기 위한 토대를 마련할 수 있다.

말을 할 때 핵심키워드를 찾고 일관성을 유지하는 논리적 사고 연습을 하라. 먼저 쉬운 부분부터 이솝우화나 동화 또는 어떤 이야기를 갖고 내용을 정리하는 것부터 출발하라. 그래서 먼저 얘기의 핵심을 찾아내라.

가령 '토끼와 거북이'에서의 핵심문장은 3가지다.

1. 발 빠른 토끼와 느린 거북이의 경주시합
2. 자만한 토끼의 낮잠, 거북이의 꾸준한 걸음
3. 느리지만 성실한 거북이의 승리

자, 여기서 그러면 주제는 하나로 요약된다.

'비록 느리지만 성실한 자가 승리한다.'

'개미와 배짱이'의 핵심문장은 3가지다.

1. 열심히 일하는 개미
2. 한가롭게 노는 배짱이
3. 겨울을 준비한 개미와 준비하지 않아 배고픈 배짱이

여기서 주제를 요약하면 '노력하고 준비한 자가 무언가를 얻는다.'

이처럼 논리적 사고를 키우게 되면 논리적으로 말할 수 있는 근간을 마련할 수 있다. 그렇게 쉬운 이야기부터 시작해서 어려운 논지나 이야기를 풀어 가면 누구나 조리 있게 말할 수 있다.

설득력을 높이려면?

설득이란 설득을 하려는 사람이 자신이 원하는 방향으로 다른 사람이 행동하게 하는 커뮤니케이션을 말한다. 일찍이 아리스토텔레스는 설득의 3요소를 '에토스', '로고스', '파토스'라고 명시했다.

여기서 에토스란 권위를 말하고, 로고스는 논리를 말하며, 파토스는 감성을 말한다.
즉, 설득하는 사람이 권위가 있고 논리가 있으며 감정을 움직이면 설득력이 높아진다는 의미이다.

사실, 권위는 하루아침에 세워지는 것이 아니다. 가령, 누구나 알 수 있는 유명한 사람이거나 위대한 업적을 세운 저명한 사람이라면 그 사람이 연단에 올라 말을 많이 하지 않아도 그 사람의 행동 하나하나에 집중하게 될 것이다.

그렇기 때문에 설득력을 단기적으로 높이려면 논리와 감성이 중요한 것이다.

논리적으로 말을 할 때 가장 중요한 것은 구체적인 근거와 사실을 바탕으로 말해야 하며, 그 사실은 개별적인 부분이 아닌 보편적 사실을 바탕으로 전개해야 한다. 또한, 단순한 의견피력이 되지 않으려면 전문성 있는 견해를 바탕으로 논거를 가지고 주장을 해야 설득력을 높일 수 있다.

진정성 역시 설득력을 높이는데 있어 매우 중요한 부분이다. 내가 하고자 하는 이야기와 내용에 진심이 담겨있지 않으면 역시 상대방에게 진심을 전하기가 어렵다. 진정성은 화자의 신뢰와 연관되어 있다. 화자 스스로 말하고자 하는 내용이나 이야기에 신뢰가 없으면 그 부분에 진정성을 얻기가 어렵고 상대방 역시 화자의 말에 신뢰를 갖기 어려울 수 있다.

따라서 구체적 근거와 사례를 바탕으로 하는 논리와 이야기의 진정성이 함께 결부될 때 높은 설득력이 생길 수가 있다.

1. **논지의 핵심과 일관성**
2. **구체적인 근거와 사례와 사실을 말할 것**
3. **보편적 사실을 바탕으로 논리적으로 전개할 것**
4. **오류를 피할 것**(a. **흑백논리** b. **일반화** c. **감정**)
5. **추상적 느낌이나 의견보다는 전문성 있는 견해 인용**
6. **진정성을 바탕으로 얘기해야 함**

2장

논리적 구성

2

논리적 구성

도입부

스토리텔링이란 소위 이야기나 말을 할 때의 이야기구성을 말한다. 건물로 말하자면 뼈대에 해당하는 역할을 한다. 아무리 건물이 겉모습이 좋다고 해도 뼈대가 튼튼하지 않다면 허울만 좋은 건물이다. 논리를 펼칠 때 이 뼈대가 튼튼하지 않다면 핵심과 맥락이 이어지지 않기 때문에 반드시 흐름을 통해 얘기하는 습관이 중요하다.

스토리텔링은 기본적으로 도입부, 본론, 마무리로 나눌 수 있다.

01 도입부	02 본론	03 마무리
전제 문제제기 주위환기	설명(예시.비교) 구체적 논증	결론 반증 해결책

도입부는 말의 시작 부분이다. 스피치의 주제가 '변화‘라고 했을 때, 변화라는 주제를 이끌어 나갈 때, 도입부는 첫 단추에 해당할 수 있다.

도입부를 세울 때, 인용이나 속담 또는 에피소드 등의 방법을 통해 청중을 솔깃하게 만드는 것은 매우 중요하다.

첫 시작에 있어 흥미를 끌지 못한다면, 본론 결론을 이끌어 나가는 과정이 더 힘들 수밖에 없다.

먼저 명언으로 도입부를 만드는 방법은 다음과 같다.
예컨대, 탈무드에서 "변화는 행하기 어렵습니다. 그렇지만 변화하지 않으면 살아남기가 더욱 어렵습니다." 또는 "변화는 생존을 위한 필수적인 요소입니다." 라고 도입부를 시작한다면 충분히 흥미를 유발할 수가 있다.

속담의 경우는 "'구슬이 서 말이라도 꿰어야 보배다.'는 말처럼 생각을 하는 것보다 실천하는 것이 훨씬 더 중요합니다." 등의 표현이다.

사자성어의 경우 "'환골탈태' 뼈를 바꾸고 태를 바꾼다는 말처럼 우리가 인생을 살면서 변화를 통한 실천 없이는 나태와 게으름 속에서 벗어나지 못한다는 의미입니다. 비록 실패를 하더라도 그 실패는 언젠가 지혜와 경험으로 바뀌기 때문에 인생에 많은 도움이 된다는 것을 깨달았습니다." 등의 표현이다.

에피소드도 마찬가지이다. "어렸을 때 저는 생각만 많이 하는 아이였습니다.

그런데 어느 날 차에 치일 뻔했는데, 한 지나가는 어른의 도움으로 구사일생을 했습니다.

그 이후 저는 제가 살아있는 것에 기쁨을 느끼기 시작했고, 지금의 긍정적인 생각을 하는데

매우 많은 도움을 받았습니다." 등의 일화를 통한 서론구성 방법이다.

이번에는 '칭찬'이라는 주제를 가지고 스토리텔링 도입부를 만들어 보자.

먼저 명언이나 격언을 활용해서 "칭찬은 고래도 춤추게 합니다." 라고 이야기를 시작하면서 주위를 환기하는 방법이 있다.

또한 "오늘 아침 아내에게 헤어스타일이 너무 예쁘다고 칭찬을 하자 갑자기 안 하던 애교를 부리는 모습을 보고 '칭찬이 정말 중요하구나.' 라는 것을 깨달았습니다." 라고 에피소드로서 말의 물꼬를 틀 수 있다.

그리고 "여러분들은 하루에 몇 번이나 칭찬을 하세요?" 라고 주위를 환기시키는 방법도 있다. 그렇게 되면 청중들은 화자의 말에 관심을 갖게 되고, '저 사람이 지금 무슨 얘길 하려고 하지?' 라고 궁금함을 갖게 된다.

따라서 도입부를 어떻게 꺼내는가는 매우 중요한 부분이다.

다만 격언이나 에피소드, 속담을 반드시 고집할 필요는 없다. 때로는 무난한 도입부를 통해 본론과 마무리를 오히려 강조를 할 수도 있기 때문이다.

가령 "사람들은 왜 행복을 추구하려 할까요?"라고 주위를 환기시키는 도입부도 있고, 처음 강단에 서자마자 침묵을 한 5초 동안 보여주면서, 주위를 환기시키는 방법도 있다.

어떤 것이 옳고 어떤 것이 틀린 것은 없다. 다만 적재적소에 상황에 맞는 도입부를 이끄는 것이 좋은 방법이다.

본론

도입부에서 인용이나 속담, 에피소드로 흥미를 유발했다면, 본론 부분에 있어서는 본격적으로 이야기를 풀어나가야 한다.

'시련'이라는 주제를 가지고 도입부에 인용을 사용했다면, 화자의 에피소드, 주장 또는 예시를 하고 이야기를 전개해야 한다.

가령, "시련은 겪을수록 단단해진다."라는 주제를 갖고 도입부에서 "만약 우리가 시련을 겪지 않는다면 과연 더 단단해 질 수 있을까요?"라는 질문을 통해 도입부를 이끌었다면, "제가 어렸을 때 집이 매우 어려웠습니다. 그래서 어떻게든 살아야겠다는 생각으로 사회라는 바다에 일찍이 뛰어들었습니다."라는 자신의 에피소드를 얘기하는 방법이다.

또한, 비교나 분석의 방법도 있다. "행복과 불행은 공통점과 차이점이 있습니다. 공통점은 감정에 대한 부분이고요. 차이점은 한쪽은 긍정적인 마음에서 비롯되고 다른 한쪽은 부정적인 마음에서 생긴다는 점입니다."라는 비교와 대조의 전개방식이다.

의견제시와 주장의 방법도 있다.

"행복이라는 감정은 마치 신기루와 같습니다. 실제로 신기루는 존재하지 않지만, 인생이라는 사막에서 그것을 얻으려 갈구하듯이 행복이라는 것도 우리의 마음속에 있을 뿐입니다. 그러한 감정을 얻기 위해 현실이 고통

스러워도 참고 견딜 수가 있는 것이죠."

구체적 예시나 진술은 좋은 본론의 방법 중 하나이다.

예를 들어 '우정'이라는 주제를 가지고 얘기할 때, 도입부에서 "우정은 부모와 자식 간에도, 친구 사이에도, 형제간에도, 동성이나 이성간에도 존재할 수 있습니다"라고 우정의 종류나 정의에 대해 얘기를 했다면 본론은 말하고자 하는 우정의 방식이나 우정에 대한 내용을 구체적으로 이끌어 가야 한다.

가령 "친구간의 우정은 위에 열거한 우정과는 다른 무언가가 있습니다. 우정은 산불같이 활활 타오르는 사랑과는 달리 모닥불처럼 따뜻하지만 은근하며 느리지만 온기가 오래 지속되는 힘이 있습니다." 등의 비유로 구체적 전개를 할 수 있다.

이때 주의할 점은, 말의 반복이 없어야 하고, 도입부에서 나온 것을 지루하게 나열식으로 얘기하지 말아야 한다는 것이다.

지루한 전개나 표현은 청중을 잠 속으로 빠져들게 하는 지름길이다.

따라서 도입부에 부합되도록 본격적인 주장이나 예시 또는 에피소드를 통해 매력적인 전개를 해나가는 것이 본론의 역할이라 할 수 있다.

본론은 스피치의 형태에 따라 달라질 수 있다. 면접, 자기소개, 강의, 프레젠테이션, 발표 등 다양한 형태의 스피치가 있기 때문에 '반드시 본론을 이렇게 구성해야 한다.'는 정답은 없다.

가령, 프레젠테이션이나 발표의 경우 사실적인 근거를 바탕으로 예시나 비교, 대조 등의 방법을 쓰는 것이 논리적이다.

예를 들어, 프레젠테이션을 할 때, "우리나라의 선진국 도약을 방해하는 요인은 바로 '소통의 부재'라고 생각합니다. 세대 간의 격차, 지역 간의 격차, 남녀 간의 생각 격차 등 우리는 수많은 '격차의 시대'를 살 고 있습니다. 00리서치에 의하면 노년층과 청년층을 비교했을 때 서로의 세대를 공감할 수 있느냐의 질문에 70% 이상이 이해가 가지 않는다고 얘기했습니다. 이러한 문제는 우리나라의 발전을 퇴보시킬 수 있는 원인이 됩니다."라고 사실적인 근거를 토대로 말하는 것이다.

자기소개, 강의, 사회진행 등은 본론을 얘기하면서 딱딱하지 않게, 적절히 유머 비유를 통해 다양한 재미거리를 주는 것이 중요하다.

가령 자기소개를 할 때 "사실 전 어려서부터 긍정적인 것은 아니었습니다. 늘 친구들한테 소외되었고, 가장자리에서 혼자 놀기를 좋아했습니다. 그래서 친구를 사귀려고 시도해도 잘 되지 않아서, 결국 먹을 것으로 매수하기 시작했습니다. 역시 돈 앞에는 장사 없더군요." 등의 재미를 곁들여

흥미를 유발하는 것도 좋은 방법이다.

중요한 것은 '논리적인 흐름'이다.

그리고 상황에 따라 어떤 것을 얘기할지, 어떤 부분에 초점을 맞추어야 할지를 생각을 하면서 스토리텔링을 구성하는 것이 중요하다.

하지만 '과유불급'이라는 말이 있듯이, 감동도 너무 지나치면 오히려 역효과를 낳을 수도 있고, 재미도 지나치게 되면 오히려 가벼워 질 수 있다는 것을 유념하라.

마무리

이제 스토리텔링의 마지막 결론 부분에 대해 알아보자.

서론, 본론에서 이야기를 잘 끌어갔다면, 결론 부분에서는 그것에 대한 강조와 정리를 하는 것이 중요하다.

"실패"라는 주제를 갖고 도입부에서는 격언을 본론에서는 에피소드로 이끌어 나갔다면, 결론은 도입부를 한 번 더 강조해 "실패는 성공을 위한 도약이다." 또는 "실패는 비싼 인생의 수업료다. 실패로 인한 지혜를 얻기 때문이다." 라고 강조와 부연설명을 하는 것이다.

이때 중요한 점은 서론과 본론의 취지에 어긋나는 즉, 다른 방향의 이야기를 해서는 안 된다는 점이다.

그러면 실컷 도입부, 본론에서 얘기했던 것들이 모두 물거품이 되어 오히려 청중들을 헛갈리게 하게 된다.

가령, '실패'에 대해 서론과 본론에서 여러 가지 명언이나 에피소드를 통해 청중들을 집중시켰는데, 갑자기 결론에서 "꼭 실패가 필요할까요?"라고 상황에 맞지 않는 반문을 하거나, "그래서 우리는 실패를 하면 안 됩니다." 라고 얘기하면서 앞에서 얘기했던 것과는 조금은 어이없는 이야기로 마무리 한다면, 청중들은 혼란을 겪게 될 수 있다.

결론 부분에서 주위를 환기시키나 자신의 주장을 내세우는 것도 좋은 방법이다.

'행복'이라는 주제로 서론, 본론을 이끈 후 결론부분에서 "여러분들은 과연 행복하십니까?"라고 되묻는다면 청중들은 곰곰이 생각해 볼 수 있는 좋은 고민거리를 갖게 될 것이다.

또는 "행복이라는 것이 무엇일까요? 우리가 한 번 더 생각해 본다면 행복을 만드는 것도 불행을 느끼는 것도 어쩌면 우리 자신의 문제라고 생각합니다. 동상이몽이라는 말이 있듯이 시각에 따라서 그것을 느끼는 방향이 다르다는 것이죠. 그래서 '행복은 우리가 느끼기 나름이다.'라고 말씀드릴 수 있습니다."라는 자신의 주장을 펼치는 것이다.

또는 여러 가지 통계나 자료를 요약함으로써 자신의 생각을 일목요연하게 정리를 하는 것도 하나의 좋은 스토리텔링 결론 방법이다.

예를 들어, '기초생활 수급노인'에 대한 도입부, 본론을 거쳐 얘기를 하면서 "통계청에 의하면 우리나라 기초생활 수급노인이 현재에 40만 명에 육박하고 있습니다. 이는 심각한 사회문제를 야기할 수 있습니다. 정부, 시민단체를 비롯해 이것은 우리 모두의 문제라고 생각하며 함께 머리를 모아 해결책을 반드시 찾아야 합니다." 등의 결론방식이다.

마지막으로 사자성어나 명언으로 마무리하는 것도 또 다른 방법이다.

예를 들어, '나눔'에 대한 얘기를 한참 하고나서, "백지장도 맞들면 낫습니다." 또는 "십시일반의 중요성을 새삼 느끼게 됩니다." 등의 명언이나 속담 등으로 요약하면 쏙쏙 귀에 들어올 수 있다.

또는 '친구'에 대한 얘기의 마무리로써 "오래된 친구는 숙성된 와인과 같습니다." 또는 "인생에 있어 진실한 친구가 한 명만 있어도 성공한 인생이라 할 수 있습니다."

따라서 그러한 인상적이고 매력적인 전개를 하려면, 다양한 경험과 책을 통해 배경지식을 풍부하게 만드는 것이 무엇보다 중요하다. 그리고 상황에 맞게 청중들에 맞게끔 적합한 결론을 얘기하는 것도 좋은 스토리텔링의 방법이다.

논리적 스토리텔링 유형

스토리텔링은 핵심적으로 5가지로 분류할 수 있다.

방법

1. 전제 – 구체적 전개 – 결론 (A-B-C)
2. 공감대 –구체적 설명 – 해결책 (F-B-S)
3. 주위환기 – 구체적 전개 – 반증 (Q-B-R)
4. 문제제기 – 구체적 반증 – 결론 (Q-B-C)
5. 결론 – 구체적 근거 – 반증 (C-B-R)

스토리텔링은 각각의 상황과 유형에 맞게 전개하는 것이 중요하다. 예를 들어, 면접과 자기소개의 경우는 공감대나 에피소드 유형이 효과적이고 강의나 프레젠테이션의 경우 오프닝에서 낯설게 하기나 문제제기와 같은 유형을 통해 강한 인상을 심어주는 것도 좋은 방법이다.

이제부터는 스토리텔링의 5가지 방식을 하나하나 설명해보자.

A. 첫 번째 유형 : 전제 - 구체적 전개 - 마무리

STEP 01

A. 만족이라는 것은 매우 주관적이고 상대적입니다.

STEP 02

B. 만족의 조건을 만들고 타인과 비교하면서 불행은 시작됩니다. (중간생략)

STEP 03

C. 그렇기 때문에 세상에 대한 나만의 생각과 기준이 중요합니다.

"만족이라는 것은 매우 주관적이고 상대적입니다. 만족의 조건을 만들고 타인과 비교하면서 불행은 시작된다는 거죠. 그렇기 때문에 타인과의 비교에서 나오는 생각이 아닌 나만의 생각과 기준이 중요합니다."

이 유형은 어떻게 보면 가장 기본적인 스피치의 형태라고 볼 수 있다. 먼저 전제 부분은 본론에 앞서 이야기를 소개하거나 본론으로 들어가기 전에 먼저 내세우는 이야기로 구성해야 한다. 이때 주의해야 할 점은 자연스럽게 본론과 마무리로 이어질 수 있는 도입부가 되어야 한다는 것이다. 이 형태에서 가장 중요한 것은 일관성이다. 그렇기 때문에 청중에게 자연스럽게 어

필할 수 있는 도입부를 생각하는 것이 중요하다.

전제가 마련되었다면 다음은 본론부분이다. 이 유형에서 가장 좋은 본론의 형태는 에피소드이다. 에피소드란 자신의 경험이나 타인의 경험과 예를 통해 전개를 하는 방법인데 청중에게 어필을 하려면 자신의 경험을 사실적으로 묘사나 설명을 하는 것이 좋다.

마무리는 에피소드를 통해 느낀 것을 통해 어떤 것을 느꼈는지를 도입부와 본론에서 얘기한 것을 자연스레 연결해야 한다.

B. 두 번째 유형 : 공감대 형성 - 에피소드 - 마무리

STEP 01

A. 맞습니다 현재 OECD국가 중에 출산율이 최하위에다 올해 신생아가 21만 명으로 집계되었습니다.

STEP 02

B. 국민들이 애를 낳지 않는 가장 큰 이유는 집값과 양육비 그리고 경력단절 문제입니다. (생략)

STEP 03

C. 먼저 집값의 경우 신혼부부가 집을 쉽게 얻을 수 있게 가정제가 아닌 우선 할당제도를 먼저 실행해야 합니다 (생략)

이 유형은 공감대를 통해서 이야기를 논리적으로 풀어나가는 것이다. 즉, 저출산 문제를 가지고 얘기할 때, “맞습니다. 현재 OECD 국자 중에서 출산율이 최하위에다 올해 신생아도 21만 명으로 집계 되었습니다.”라고 얘기하는 것이다.

공감대의 경우 상대방이나 청자의 마음을 열어 집중과 신뢰를 이끌 수 있기 때문에 이야기 구성에 있어서 매우 중요한 역할을 한다.

본론 부분에서는 공감대에 대한 설명이 있어야 한다. 가령, ‘출산율 문제’에 대해 전달을 하고자 현실에서 자신이 느낀 에피소드나 설명을 충분히 제시해야 거기에 맞게 상대방이 더욱 공감을 할 수 있다. 즉, 그 이유에 대해 충분한 논리를 갖고 얘기를 해야 한다. 가령, “국민들이 애를 낳지 않는 가장 큰 이유는 집값과 양육비 그리고 경력단절 문제 때문입니다.”

결론 부분에서는 도입부와 본론에서 얘기했던 논지의 근거를 가지고 분명한 마무리를 하는 것이 중요하다. ‘저출산의 해결방법’에 대한 얘기를 가지고 도입부에서 공감대를 형성하고 본론에서 그것에 대한 에피소드를 제시했다면 결론에서는 저출산 문제가 왜 중요한지 그리고 어떠한 해결방안이 필요한지에 대해 보다 인상적인 이야기로써 결론을 짓는 것이다.

이 방법은 친숙한 방법으로 접근함으로써 상대방의 마음을 녹이는 교감을 하거나 공감대를 형성하는데 적합할 수가 있다.

C. 세 번째 유형 : 주위환기 - 구체적 전개 - 반증

STEP 01

Q. "여러분은 이성과의 첫만남에서 가장 중요하게 생각하는게 뭔가요?"

STEP 02

B. 남자나 여자나 첫인상이라고 생각하는 사람들이 대부분이라고요. 왜냐하면 처음보는게 외모나 인상이기 때문이죠. (생략)

STEP 03

R. 하지만 스위스 심리학자 융에 의하면 사실은 우리가 누군가를 보고 '호감' 이라고 생각하는 이미지는 이미 내제되어진 부분이라고 합니다.

세 번째 유형은 질문을 통해 청중의 관심을 유발하는 방식이다. 즉, 청중이 무엇을 원하는지 그리고 청중이 어떤 것을 생각하는지를 질문을 통해 같이 공감할 수가 있기 때문에 매우 좋은 스토리텔링의 유형이라 할 수 있다.

먼저 도입부에서 질문을 던진다. 주위환기라는 것은 청중에게 질문을 통해 관심을 유발하는 방법이다. 가령, "'여러분은 이성과의 첫 만남에서 가장 중요하게 생각하는 게 무엇인가요?"라는 질문을 통해 청중의 관심을 유발하거나 청중의 가려운 곳을 긁어줄 수 있다. 이때 중요한 부분은 핵심과 어긋나는 질문이 아니라 주제와 맞는 그리고 청중과 공감할 수 있는 질문이

어야 한다는 것이다. 질문이 날카롭지 않거나 청중의 공감을 사지 못하는 경우는 오히려 반감이나 냉랭함을 만들 수도 있다.

본론 부분에서는 질문에 대한 자신의 생각이나 질문에 맞는 답변을 해야 한다. 가령, '이성과의 첫 만남'이라는 질문을 도입부에서 했다면 본론에서는 '남자나 여자나 상대방에 대한 첫 인상을 가장 중요하게 여긴다고 합니다. 왜냐하면 처음 보는 부분이 바로 외모에서 풍기는 인상이기 때문이죠.' 라는 논리로 서론에 대한 분명한 생각이나 의견을 제시해야 한다.

결론 부분에서는 도입부에서 질문에 대한 자신의 생각이나 당위성을 얘기함으로써 청중을 자연스럽게 설득해야 한다. 이때 주의할 점은 도입부 - 본론 - 마무리로 이어지는 질문과 답변이 청중에게 공감을 살 수 있도록 자연스럽게 이어져야 한다는 점이다. 그렇지 않으면 청중의 공감을 얻을 수가 없다.

D. 네 번째 유형 : 문제제기 - 구체적 반증 - 결론

STEP 01

Q. "용의 꼬리 보다는 뱀 머리가 되라." 라는 속담이 있지만 그게 반드시 맞는 말일까요?

STEP 02

B. 서양속담 중에 "여우가 머리가 되기 보다는 사자의 꼬리가 되라." 라는 말이 있습니다. (생략)

STEP 03

R. 그만큼 '큰 무리에서 꼴지를 하더라도 작은 무리에서 일등 하는 것보다 오히려 더 배울 것이 많다.' 는 얘기일 수 있습니다.

네 번째 유형은 어떻게 보면 상당히 자극적일 수가 있다. 그렇기 때문에 청중들이 솔깃할 수도 있지만 자칫 직설적이거나 도전적으로 보일 수가 있기 때문에 그러한 점을 유념해야 한다. 또한 이 유형은 촌철살인과 같은 스토리전개가 필요하다. 즉 처음에는 청중의 호기심을 자극할만한 문제제기를 해야 하고 본론과 결론으로 갈수록 그 긴장을 완화시켜 청중을 내 편으로 만드는 방법이다.

먼저 도입부에서 문제제기를 한다. 문제제기라는 것은 기존의 어떤 사실이나 개념에 대해 말 그대로 질문이나 문제를 야기하는 방법이다. 가령,

"용의 꼬리보다는 뱀 머리가 되라." 또는 '백지장도 맞들면 낫다.'라는 말이 있지만 백지장을 너무 많은 사람이 들면 찢어질 수도 있습니다."라고 말하는 방식이다.

본론 부분에서는 문제제기를 한 부분에 대한 증명을 해야 한다. 가령, '용이 꼬리보다는 뱀의 머리가 되라'라는 말에 문제제기를 했다면 본론에서는 '서양 속담 중에서 여우의 머리가 되기보다는 사자의 꼬리가 되라는 말이 있다.'라는 식의 증명이다.

결론 부분에서는 도입부에서 왜 문제제기를 할 수 밖에 없었는지에 대한 당위성을 애기함으로써 청중을 자연스럽게 설득해야 한다. 이때 주의할 점은 도입부 - 본론 - 마무리로 이어지는 부분이 논리적으로 이해가 되도록 자연스럽게 이어져야 한다는 점이다. 그렇지 않으면 청중을 절대 설득할 수 없다.

E. 다섯 번째 유형 : 결론 - 본론 - 강조

STEP 01

C. 이제는 시대가 시대이니만큼 평생직장의 개념이 없어졌기 때문에 여러 가지의 일을 준비해야 합니다.

STEP 02

B. '한 우물을 파라.' 라는 속담이 있지만 예를 들어, 자영업 경우 5년간 생존율이 작년 통계로 볼 때 20%로 되지 않고, 월 100만 원...(생략)

STEP 03

R. 그렇기 때문에 이제는 한 우물을 파는것보다 오히려 다양한 우물을 파는 것이 100세 시대에 맞는 전략일 수 있습니다.

이 유형은 결론을 먼저 제시하는 유형이다.

그래서 청중의 귀를 솔깃하게 만드는 것이다. 가령, "이제는 시대가 시대이니만큼 평생직장의 개념이 없어졌기 때문에 한 가지 일보다는 다양한 일을 준비해야 합니다." 라고 얘기하는 방식이다.

이때 중요한 것은 결론을 내세울 때 그 결론은 신빙성이 있어야 하며, 참신해야 한다. 그래야 대중의 시선을 잡을 수 있다. 또한, 본론에서는 왜 그러한 결론이 나오게 되었는지 또는 그러한 주장을 하는지를 논리적 전개에 근거해서 증명해야 한다.

결론을 증명하는 데 있어서 사실적이지 않거나 일반화, 감정, 흑백논리의 오류가 들어가게 되면 설득력이 떨어지기 때문에 이러한 전개는 특히 그러한 점을 주의해야 한다.

마무리에 있어서는 서론, 본론에서 얘기했던 것을 한 번 더 강조해서 처음 결론을 제시한 것에 대해 흐름을 끝까지 유지해야 한다.

이처럼 논리에서는 스토리텔링이 중요하고 특히 이런 다섯 가지 유형을 생각해서 얘기하는 습관을 들이는 것이 좋다.

또한, 대화나 자기소개, 면접, 강의, 프레젠테이션 등 논리의 유형에 따라 어떻게 스토리텔링을 만들어야 할지를 고민해 보는 것이 좋다.

그렇게 스토리텔링 연습을 하다보면 누구나 논리적으로 말하는데 있어 달인이 될 수 있다고 과감하게 말할 수 있다.

3장

논리의 방법

3

논리의 방법

논리의 기초

논리란 사고의 이치에 맞게 이야기를 풀어가는 것이다. 아는 것이 힘인 만큼 논리적인 말하기를 위해서는 논리의 용어들에 대해 구체적으로 아는 것이 선행되어야 한다.

먼저, 명제는 다양한 뜻이 있지만, 논리에 있어서의 명제는 참인지 거짓인지를 명확하게 판별할 수 있는 문장을 말한다.

예를 들어, '63빌딩은 63층으로 이루어졌다.'는 63층으로 만들어졌기 때문에 '참'이라 할 수 있다. 이때 '63빌딩은 65층으로 이루어졌다.'라고 한다면 65층이 아니라 63층으로 이루어졌기 때문에 '거짓'이라 할 수 있다.

1. 명제 : 참인지 거짓인지를 명확하게 판별할 수 있는 문장
2. 가치명제 : 어떤 것에 대한 가치를 다루는 명제.
   예) 저 여자는 예쁘다
3. 사실명제 : 어떤 것에 대한 사실을 다루는 명제.
   예) 한국은 4계절이 있다
4. 보편적 사실 : 누구나 알고 있는 일반적 사실.
   예) 모든 사람은 죽는다
5. 개별적 사실 : 특정한 사람이 알고 있는 특정사실.
   예) 어제 난 카페에 갔다
6. 전제 : 추리를 할 때 결론이 기초가 되는 판단

이러한 명제에는 가치를 다루는지, 사실을 다루는지에 따라 가치명제와 사실명제로 나눌 수 있다.

또한, 사실에는 그 사실이 보편성을 가지느냐 개별성을 가지느냐에 따라 보편적 사실과 개별적 사실로 나누고 있다.

형식논리는 어떤 조건이 주어지고, 이것이 바른지 어떤지의 여부를 논할 때에 그 문장의 내용에 대해서는 무시하고, 형식만으로 진위를 판단하는 논리를 말한다. 즉, 형식만으로 진위를 판단하는 논리를 말한다. 논증은 논리적으로 증명하는 것을 말하며, 추론은 어떠한 판단을 근거로 삼아 다른 판단을 이끌어 내는 것을 말한다.

7. **형식논리 : 내용 상관 없이 형식만으로 진위를 판단하는 논리**
8. **추론 : 어떠한 판단을 근거로 삼아 다른 판단을 이끌어 냄**
9. **선언적 추론 : 선택적으로 결론을 추리하는 것**
10. **가언적 추론 : 가정해서 결론 추리하는 것**
11. **정언적 추론 : 확정해서 결론을 추리하는 것**
12. **삼담 논법 : 2개의 전제와 1개의 결론으로 형성하는 논법 (정언, 가언, 선언)**

추론의 종류에는 선택적으로 결론을 추리하는 선언적 추론, 가정해서 결론을 추리하는 가언적 추론 그리고 확정해서 결론을 추리하는 정언적 추론이 있다.

삼단 논법은 2개의 전재와 1개의 결론 즉, 삼단의 방식으로 논증과 추론을 하는 방식을 말한다. 특히, 삼단 논법은 추론을 할 때 가장 많이 쓰이는 논리적 방식이라 할 수 있다.

이처럼 논리의 용어는 다양하고 어려운 부분도 있지만, 기초용어를 분명히 알아야 탄탄한 논리를 펼칠 수 있게 된다.

명제의 종류

명제란 무엇인가?

논리에 있어서의 명제란 그 내용이 참인지 거짓인지를 명확하게 판별할 수 있는 문장이나 조건을 말한다.

명제의 종류에는 가치명제와 사실명제가 있다.

먼저, 가치명제는 어떤 것에 대한 가치를 다루는 명제이다. 예를 들어, '이 세상에 돈보다 중요한 것은 없다.'는 명제에서 과연 저 문장이 참인지 거짓인지를 논할 때 위의 명제는 결과적으로 참일 수도 거짓일 수도 있다.

왜냐하면, 이 세상에 돈보다 중요한 것이 있을 수도 있고, 없을 수도 있기 때문이다. 즉, 중요하다는 의미는 사실보다 가치의 문제라는 것이기 때문에 참과 거짓으로 논할 수가 없다.

다음의 문장을 살펴보자.

'역사적으로 가장 아름다운 사람은 클레오파트라이다.'

위의 문장도 사실이 아닌 아름다움의 가치를 다루기 때문에 가치명제라 할 수 있다. 즉, '아름답다'라는 의미는 보는 사람에 따라 그 관점과 가치가 다르기 때문에 참과 거짓을 논하기가 어렵다는 의미이다.

이에 반면, 사실명제는 어떤 것에 대한 사실을 다루는 명제이다.

가령, '현재 한국의 GDP는 세계 11위이다.'는 명제는 사실을 다루는 명제이기 때문에 사실명제라 할 수 있다. 한국의 GDP는 통계에 의해 11위로 밝혀진 부분이기 때문에 사실이라 할 수 있다. 그러므로 위의 문장은 참이라 할 수 있다. 만약 '한국의 GDP는 세계 100위다.'라고 할 경우엔 통계에 밝혀진 사실과 위배되므로 거짓이라 할 수 있다.

다음의 문장도 살펴보자.

'어제 내가 본 사람은 내 친구 철수이다.' 이 문장은 가치명제인가? 사실명제인가? 당연히 사실을 다루고 있으니 사실명제라 할 수 있다. 그렇다면 위의 사실은 보편적 사실일까? 아니면 개별적 사실일까? '어제 내가 본'이라는 말이 개인적인 부분이므로 개별적 사실이라 할 수 있다.

그렇다면 보편적 사실은 무엇일까?

예컨대, '모든 생명은 죽는다.'라는 말을 살펴보자. 일단 모든 생명은 죽는다는 것이 증명되었으므로 이 문장은 참이라 할 수 있다. 그리고 '모든 생명은 죽는다.'는 말은 어느 개인에 국한된 것이 아니라 모든 생명에 포함되는 것이므로 보편적 사실이라 할 수 있다.

이처럼 사실명제는 참과 거짓으로 진위여부를 밝힐 수 있지만, 가치명제는 가치를 다루는 부분이기 때문에 참과 거짓으로 정의할 수 없다고 말할 수 있다.

오류의 종류

논리적으로 말하는데 있어서 논리의 오류가 생기면 설득력이 매우 떨어질 수 있다. 그렇기 때문에 논리에 있어서 오류의 종류를 잘 아는 것은 설득력 있게 말하는데 있어 매우 중요한 부분이라 할 수 있다.

그럼 지금부터 논리의 오류의 종류에 대해 하나하나씩 자세히 살펴보자.

먼저, 논점일탈의 오류이다.

'선입견을 갖는 건 좋지 않아. 왜냐하면 나는 지금 배가 고프기 때문이야.'라는 문장을 살펴보자.

'선입견'을 갖는 것과 '배가 고프다'라는 이야기는 흐름이 맞지 않는다. 즉, 선입견에 대한 논점의 흐름과 맞지 않는다고 할 수 있다. 이처럼 논점에서 이야기의 일탈이 될 때 논리의 오류가 생길 수 있다. 이러한 오류를 '논점일탈의 오류'라 할 수 있다.

다음은 애매성의 오류이다.

애매성의 오류는 문장의 애매함이 갖고 있는 오류와 내용의 모호함이 갖고 있는 오류로 나눌 수 있다. 예를 들어, '어제 내 친구의 방에 있던 여자 친구의 사진을 봤어.'라는 문장에서 '여자 친구의 사진'이 내 여자 친구의 사진인지 친구의 여자 친구 사진인지가 애매하기 때문에 '문장의 애매성'이 있다고 할 수 있다.

'우리나라 사람들은 때로는 자존감이 낮을 때도 있고, 높을 때도 있기 때문에 대체적으로 자존감을 지키려고 하는 것 같다.'라는 문장의 경우는 말하고자 하는 내용이 애매한 경우이다. '자존감이 낮을 때도 높을 때도 있는 것'과 '대체적으로 자존감을 지키려고 하는 것'의 상관관계가 모호하다는 의미이다.

순환논증의 오류는 이야기가 돌고 도는 것을 말한다. 예를 들어, '친구는 내 옆집에 살고 있어. 내 집의 위치는 친구의 옆집이야.'라는 문장의 경우 친구는 내 옆집, 내 집은 친구의 옆집이라는 말을 통해 이야기가 계속 같은 자리를 맴돌고 있다. 이러한 오류를 순환논증의 오류라 한다.

논점일탈
선입견을 갖는 건 좋지 않아.
나는 지금 배고 고프단 말야.

애매성
어제 내 친구의 방에 있던 여자 친구의 사진을 봤어.

순환논증
친구는 내 옆집에 살고 있어. 내 집의 위치는 친구의 옆집이야.

흑백논리는 모든 문제를 흑이 아니면 백, 선이 아니면 악이라는 방식의 표현이라 하여, 이분법적 논리라고도 한다. 가령, '너는 사과를 좋아하지 않는구나. 그럼 사과를 싫어하는 거야.'라고 말하면서 생기는 오류이다. 사과를 좋아하지 않는다고 해서 반드시 사과를 싫어하는 것은 아닌데, 마치 선 아니면 악이라는 선택을 강요하면서 생기는 오류이며 이러한 오류를 흑백논리의 오류라 한다.

논리의 오류 중에서 가장 흔한 오류가 바로 일반화의 오류이다.

일반화의 오류는 일부의 생각이나 의견을 마치 대부분의 견해인 것처럼 사실화를 시키는 것을 말한다.

예를 들어, '철수는 사과를 좋아하지 않는구나. 그러면 대부분 사과를 좋아하지 않는 거야.'라는 문장에서 철수가 사과를 좋아하지 않는다고 해서 대부분의 사람들이 사과를 좋아하지 않는 것은 아니기 때문에 대표적인 일반화의 오류라 할 수 있다.

토론이나 토의에서 일반화의 오류를 범하는 경우가 많고, 대화에서도 마치 몇몇의 의견이 기정사실이나 공론처럼 여겨지는 경우도 많다. 그러한 부분으로 인해 논리에 있어 설득력이 떨어지므로 특히 유의해야 한다.

흑백논리
너는 사과를 좋아하지 않구나.
그럼 사과를 싫어하는 거야.

일반화
너는 사과를 좋아하지 않는구나.
그럼 대부분 사과를 좋아하지 않는거야.

감정호소
반드시 무상 의료보험을 실시 해야 해.
우리 어머니가 아프시거든.

토론이나 토의에서 화자의 말을 듣고 있으면 문장에서는 특별한 오류가 없는데 뭔가 말이 안 되는 경우를 볼 수 있다. 그런 경우엔 전제의 오류를 의심해 봐야 한다.

전제는 추리에 있어서 결론의 기초가 되는 판단을 말하는데, 이러한 전제가 오류가 있으면 전체 문장이나 이야기가 논리적이지 않다고 할 수 있다.

가령, '모든 휴대폰은 성능이 좋다. 그러므로 내가 쓰는 휴대폰 역시 성능이 좋다.'라는 문장이 마치 논리적인 것처럼 보이지만, 사실 전제가 온전하지 않으므로 문장 전체가 설득력이 떨어지게 된다. 왜냐하면, 휴대폰 중 어떤 것은 성능이 좋을 수도 있지만, 어떤 것은 오래돼서 성능이 떨어질 수도 있고, 고장이 생길 수도 있는 가능성도 있기 때문에 모든 휴대폰이 성능이 좋다는 것은 일반화의 오류이다.

또한, '한국은 모든 사람이 다 힘들게 산다. 그러므로 앞으로 미래는 더욱 암울하다.'는 문장도 한국에서 어떤 사람들은 힘들게 살지만, 그렇다고 모든 사람이 힘들게 사는 것은 아니기 때문에 전제가 온전하지 못하다고 할 수 있다.

이처럼 전제가 온전하지 못하면, 전체 문장이 온전하지 못하게 되어 논리를 저해하는 요인이 된다.

이번에는 '돌고래는 사람보다 아이큐가 높다.'는 문장을 살펴보자.

돌고래의 아이큐는 80정도이고 사람의 아이큐는 100이 넘기 때문에 돌고래가 사람보다 아이큐가 높다는 것은 사실이 아니다. 이러한 경우를 사실의 오류라 할 수 있다. 즉, 사실이 아닌 명제를 사실로 만드는 것을 사실의 오류라 한다.

전제의 오류
모든 휴대폰은 성능이 좋다.

사실의 오류
돌고래는 사람보다 아이큐가 높다.

이번에는 '비가 올 때마다 친구는 우산을 쓴다. 오늘 친구가 우산을 쓴 걸 보니 비가 오고 있는 거야.'라는 문장을 살펴보자. 위의 문장은 얼핏 보면 논리의 오류가 없는 것처럼 보이지만, 자세히 살펴보면 논리적으로 허점이 보인다. 친구가 우산을 쓴다고 해서 반드시 비가 오는 것은 아니기 때문이다. 햇볕이 강하게 내리 쬐어서 우산을 쓸 수도 있고, 눈이 와서 우산을 필 수도 있기 때문에 반드시 우산을 썼다고 비가 오고 있다고 가정할 수는 없다. 이러한 오류를 '후건 긍정의 오류'라고 한다.

이와 반대로 전건 부정의 오류도 있다.

'배가 아플 때마다 철수는 약을 먹는다. 어제는 배가 안 아팠던 걸 보니 약을 먹지 않았을 거야.'라는 문장을 살펴보자. 배가 아프지 않았다고 해서 약을 안 먹었다고 하는 것은 논리의 비약이다. 왜냐하면, 배가 아프지 않았다고 하더라도 감기가 걸려 약을 먹을 수도 있고, 상처가 나서 약을 먹을 수도 있기 때문이다. 이러한 오류를 '전건 부정의 오류'라 한다.

후건 긍정의 오류를 '역'의 오류라고도 하고, 전건 부정의 오류를 '이'의 오류라고도 한다. 또한 후건 부정을 '대우'라고 하는데 이러한 역, 이, 대우는 내용의 논리보다는 형식의 논리이기 때문에 형식적 논리라고 할 수 있다. 역, 이, 대우에 대해서는 다시 자세히 살펴볼 것이다.

후건 긍정의 오류
비가 올 때마다 친구는 우산을 써.
친구가 우산을 쓴 걸 보니 비가 오는 거야.

전건부정의 오류
배가 아플 때마다 나는 약을 먹어.
배가 안 아픈걸 보니 약을 안 먹었을 거야.

이처럼 오류의 종류는 다양하다. 논리에 있어 오류가 있으면 그 문장이나 이야기는 설득력이 떨어질 수밖에 없다. 그렇기 때문에 화자나 청자는 자신의 이야기나 상대방의 이야기에 논리의 오류를 정확히 파악할 수 있는 눈을 키워 논리력과 설득력을 높여야 한다.

필요조건과 충분조건

조건이란 무엇인가? 사전적 의미는 일반적으로 어떤 일이 성립되는 데 필요한 사항을 말한다. 그렇다면 논리에서 조건은 왜 필요한가? 바로 명제의 충족성과 필요성을 밝힐 때 필요할 수 있다.

즉, 명제 P가 참이면 명제 Q도 반드시 참일 때 명제 P는 명제 Q를 충족한다고 하며 $P \Rightarrow Q$로 표현한다. 이때 P를 Q이기 위한 충분조건, Q를 P이기 위한 필요조건이라 한다. 만일 $P \Rightarrow Q$와 동시에 $Q \Rightarrow P$도 성립하면 P는

Q이기 위한 필요조건이고, Q는 P이기 위한 충분조건이므로 P는 Q이기 위한 필요충분조건이라 하고, P ⇔ Q로 표시할 수 있다.

예를 들어보자.

'침대는 가구이다.' 마치 CF의 문구와 같은 느낌이지만 이 문장을 가지고 필요조건과 충분조건을 생각해 보자.

가구의 종류에는 여러 가지가 있다. 침대, 의자, 옷장, 소파 등이 있다. 즉, 가구의 종류 중에 침대는 가구를 충족시키는 요건이 된다. 그렇기 때문에 침대는 가구가 되기 위한 충분조건이다.

이처럼 충분조건은 조건이 되기 위해 충분한가를 따질 때 사용할 수 있다. 필요조건은 반대로 생각하면 된다. 침대, 의자, 옷장, 소파 등이 가구에 속한다. 즉, 가구는 침대를 필요로 한다. 그렇기 때문에 가구는 침대가 되기 위한 필요조건이다.

이를 'P는 Q이다.'라고 정리를 하면, 'P는 Q이기 위한 충분조건이고, Q는 P이기 위한 필요조건이다.'라고 말할 수 있다.

또 하나의 예를 들어보자.

'모든 홀수는 자연수이다.' 이 경우 모든 홀수는 자연수가 되기에 충분하기 때문에 홀수를 자연수의 충분조건이라고 말합니다. 그리고 자연수가 아니면서 홀수인 경우는 존재하지 않기 때문에 자연수는 홀수가 되기에 반드시 필요한 조건이다. 즉, 자연수는 홀수의 필요조건이다. 그러나 자연수와 홀수가 같지는 않기에 동치는 성립이 되지 않기 때문에 필요충분조건은 될 수 없다.

즉, 조건에 만족시키면 충분조건이고, 조건을 필요로 하면 필요조건인 것이다.

다시 말하면, 충분조건은 하위개념이 상위개념을 충족시킬 때, 필요조건은 상위개념이 하위개념을 필요로 할 때 성립한다.

위의 예시에서, '침대는 가구이다.'의 문장에서 '침대'는 하위개념이고, '가구'는 상위개념이다. 하지만 '가구는 침대이다.'는 말은 성립되지 않는다. 즉, 명제에서 상위개념이 하위개념보다 선행하는 것은 성립이 되지 않는다. 그렇기 때문에 침대는 가구이기 위한 충분조건이 성립되는 것이다. '모든 홀수는 자연수이다.'는 명제도 마찬가지이다. '홀수'는 하위개념이고, '자연수'는 홀수의 상위개념이기 때문에 위의 명제는 참이 된다. 또한, 홀수는 자연수이기 위한 충분조건이고, 자연수는 홀수를 필요로 하는 필요조건이 성립이 된다. '모든 자연수는 홀수이다.'라는 명제는 상위개념이 하위개념보다 선행되기 때문에 성립이 되지 않는다.

이처럼, 하위개념과 상위개념은 매우 중요한 부분이다. 하위개념과 상위개념은 원인과 결과로도 형성될 수 있다. 예컨대, '모든 사람은 죽는다.'는 명제에서 사람은 결국 시간의 흐름에 따라 언젠가는 죽기 때문에, 시간적 흐름에 따라 하위개념과 상위개념이 생기게 된다. 바꿔 말하면, '죽는 것은 모든 사람이다.'는 죽는 것이 반드시 사람만은 아니기 때문에 성립이 되지 않는다. 즉, 위의 문장은 상위개념과 하위개념이 바뀌었기 때문에 성립이 되지 않는 다는 의미이다.

이번에는 '우리 할머니는 90세이다.'는 문장을 살펴보자. 우리 할머니는 90세를 충족시키기 때문에 우리 할머니는 90세이기 위한 충분조건이고, 90세라는 나이는 우리 할머니를 필요로 하기 때문에 필요조건이 된다. 하지만 우리 할머니가 90세라는 동치는 성립이 되지 않기 때문에 필요충분조건은 아니다.

그렇다면, '우리 어머니는 김말자이다.'는 문장은 어떨까? 우리 어머니는 김말자를 충족시키기 때문에 충분조건이고, 김말자는 우리 어머니를 필요로 하기 때문에 필요조건이다. 그런데 우리 어머니는 곧 김말자이기 때문에 문장은 동치가 되므로 필요충분조건도 성립한다.

우리가 흔히 일상에서 쓰는 예가 있다.

'공부를 열심히 하면 좋은 대학을 간다.' 이 문장은 충분조건과 필요조건이 성립될까? 답은 둘 다 아니다. 왜냐하면 충분조건이나 필요조건이 성립되려면 명제가 참이어야 하는데, 첫째로는 열심히 한다는 기준과 좋고 나쁨의 기준은 사람마다 다르기 때문에 사실의 기준이 될 수가 없고, 둘째로는 공부를 열심히 한다고 해서 반드시 좋은 대학에 간다고 할 수 없기 때문에 명제가 참이라고도 할 수 없다.

그렇다면 이 문장은 어떨까? '공부를 해야 대학에 간다.'

공부를 해야 대학에 가는 것은 사실이기 때문에 참인 명제라 할 수 있다. 공부를 해야 대학에 가는 것을 충족시킬 수 있기에 충분조건이 가능하고, 대학에 가려면 공부를 필요로 하기에 필요조건도 가능하다.

또 다른 일상의 예가 있다.

'돈이 많으면 행복하다.'는 문장을 살펴보자. 행복하다의 기준은 사실보다는 가치의 기준이기 때문에 가치명제라 할 수 있다. 즉, 가치명제는 참, 거짓의 기준이 될 수 없다. 또한, 돈이 많다고 해서 반드시 행복한 것은 아니기 때문에 참이라고도 할 수 없다. 따라서 위의 문장은 필요조건이나 충분조건이 될 수 없다.

설명의 방식

설명이란 어떤 일이나 대상의 내용을 상대편이 잘 알 수 있도록 밝혀 말하는 것이다. 그렇기 때문에 논리적으로 말할수록 상대편이 더 잘 이해할 수가 있다.

설명의 방식은 논증의 방식과는 달리 잘 이해시키는 것이 핵심이기 때문에 예시, 비교, 대조, 인과, 비유 등의 방법을 통해 말해야 쉽게 화자가 의도하는 것을 청중에게 전달할 수 있다.

"변화"가 우리에게 주는 이익은 여러 분야에서 생각할 수 있습니다. 예를 들어, 변화를 두려워하게 되면 우리는 결코 성공의 길에 가기 어렵습니다. 생각이 고여있으면 절대 앞으로 나갈 수 도 없고 진취적인 일이 벌일 수가 없습니다. 또한, 변화를 추구하게 되면 그 생각을 이루기 위해 실천력이 생깁니다.

변화가 주는 이익에 대해서 설명하고 있는 '예시'의 방식이다. 예시는 예를 들어 보임으로써 화자가 말하고자 하는 바를 쉽게 설명하는 방법이다.

'스트레스'가 얼마나 건강에 치명적인지는 다양한 분석에서 이미 증명되고 있습니다. 일단 '스트레스'는 늘 긴장상태를 만들기 때문에 아드레날린을 분비시키고 활성산소를 체내에서 양성시킵니다. 활성산소는 생명을 단축시키는 원인입니다. 왜냐하면 활성산소는 독성과 같은 성분이기 때문에 그것이 체내에서 누적되면 혈관이나 장기를 손상시키기 때문입니다.

위의 문장은 스트레스가 얼마나 건강에 치명적인지를 설명하고 있다. 활성산소가 생명을 단축시키는 원인이라고 규정하면서 이유를 명시해 쉽게 설명하고 있는 '인과'의 방법이다.

> 우리나라는 OECD국가 중에 자살률이 1위라는 불명예를 안고 있습니다. 자살이 많은 이웃나라인 일본이 10만 명당 21명이 자실을 하는 반면, 한국은 무려 33명이 자살로 생을 마감하고 있습니다.

위의 설명은 우리나라가 OECD국가 중에서 자살률이 가장 높다. 라고 애기하면서 쉽게 설명하기 위해 일본과 한국의 자살률을 수치로 보여주고 있다. 한국과 일본의 자살률을 통계로 비교해서 보여주는 '비교'의 방식이라 할 수 있다.

> '남자와 여자의 차이는 여러 가지가 있지만 가장 커다란 차이는 남자는 어떤 일에 있어서 이성적인 부분이 강한 반면 여자는 감성적인 부분이 강합니다. 그렇기 때문에 이러한 차이를 제대로 알고 남녀관계에서도 그런 부분을 정확히 인식하는 것이 중요합니다. 특히, 남녀가 다툴 때 남자는 결과중심적이고 여자는 과정중심적이기 때문에 차이가 생길 수 있습니다.

남자와 여자의 차이에 대해 설명하고 있다. 남자가 이성적인 부분, 여자가 감성적인 부분에 강점이 있다고 말하고 있다. 남자와 여자의 차이를 분명하게 설명하기 위한 '대조'의 방식이라 할 수 있다. 비교가 공통점에 주안점을 두는 반면, 대조는 차이점에 초점을 두고 있다.

> 건강하려면 담배를 끊어야 합니다. 담배는 건강에 백해무익해요. 담배를 피우는 것은 마치 도박을 하는 것과 같아요. 그 순간은 행복할지 모르지만 결국 스스로를 파멸하는 것봐 같기 때문입니다. 담배는 폐암, 위암 등의 질병은 물로 ㄴ여러 가지 악취와 경제적 문제까지 모든 부분에서 해가 될 수 있습니다.

'건강하기 위해 금연을 해야 한다.'고 말하고 있다. 담배의 심각성을 말하기 위해 '흡연은 마치 도박과 같다.'라는 비유를 통해 쉽게 설명하고 있다. 비유는 원관념과 보조관념을 통해 쉽게 설명하는 방식이다. 위의 문장에서 원관념은 담배이고 보조관념은 도박이다. 원관념인 담배가 보조관념인 도박과 같다. 라고 말하면서 흡연의 심각성을 비유하고 있다.

이처럼 설명은 상대방이 잘 이해하도록 알기 쉽게 설명하는 것이며, 설명의 방식에는 예시, 비교, 인과, 비유 등의 방식이 있다.

위의 방식 중 상황에 맞게 상대방이나 청중에게 알기 쉽도록 이해를 시키는 것이 논리적으로 말하는데 있어서 매우 중요한 부분이라 할 수 있다.

논증과 추론

논증은 어떤 판단의 진리성의 이유를 분명히 하는 일이며 입증이라고도 한다. 이에 반면 추론은 어떠한 판단을 근거로 삼아 다른 판단을 이끌어 내는 일이라 할 수 있다. 논증은 입증과 관련이 있고, 추론은 유추와 연관되어 있다. 하지만 두 가지 모두 논리가 수반되지 않으면 설득력이 떨어진다고 할 수 있다. 그렇기 때문에 조금 의미가 다르지만 비슷하게 쓰이기도 한다.

논증은 설명과도 다르다. 설명의 방식은 쉽게 풀어서 얘기하는 것이라면 논증의 방식은 논리적으로 증명을 하는 방식을 말한다. 또한, 논증은 주장과 다르다. 주장은 자신의 기준을 가지고 어떤 것을 판단하는 것이지만, 논증은 구체적인 근거를 가지고 얘기하기 때문에 글쓰기나 말하기에서 객관적인 설득력을 높일 수가 있다.

가령, '하와이는 아름답다. 왜냐하면 내가 봤을 때 아름답기 때문이다.' 라는 말은 주장은 되지만, 논증은 되기 어렵다. 왜냐하면, 아름답다는 가치기준이지 보편적 사실의 판단이 아니기 때문이다. 그러므로 논증이 되려면 명제가 구체적인 사실이면서 보편적 사실이어야 한다. 논리를 정확히 알기 위해서는 먼저 논리용어에 대한 개념이 있어야 한다.

추론은 어떤 판단을 근거로 다른 결론을 이끌어 내는 것을 말한다.

논증을 잘하기 위해서는 논리적인 근거로 구체적인 추론을 이끌어야 한다. 그리고 그러한 결론을 이끄는 추론의 종류에는 정언적 추론, 가언적 추론, 선언적 추론이 있다.

추론과 논증의 대표적인 논법이 바로 삼단논법이다. 삼단논법이 대표적인 논법인 이유는 대전제나 조건을 먼저 만들고 거기에 소전제나 명제를 만든 후 결론을 제시하기 때문에 상당히 논리적이다.

삼단논법의 방식을 알아보자.

삼단논법의 전개방식은 A-B-C 전개 즉, 대전제 - 소전제 - 결론의 형태를 지닌다.

삼단논법의 종류에는 정언적 삼단논법, 가언적 삼단논법, 선언적 삼단논법이 있다. 정언적 삼단논법은 일반적 명제를 바탕으로 하는 추론을 말하고 가언적 추론은 가정법을 바탕으로 하는 추론, 선언적 삼단논법은 선택적 추론을 말한다.

정언적 삼단논법과 선언적 삼단논법은 내용의 참, 거짓을 판단할 때 활용한다. 예를 들어, '모든 바다는 짠 맛이 있다.'는 정언적 삼단논법에서의 대전제가 있을 때, '한강은 바다이다.'는 소전제가 있을 때, 그러므로 '한강은 짠 맛이 있다.'라는 결론이 참인지 거짓인지를 살펴볼 수 있다. 한강은 바다가 아니므로 한강이 짠 맛이 있다는 결론은 거짓이다.

'영희는 수요일마다 부산에 가거나 여수에 간다.'는 선언적 삼단논법에서의 대전제가 있을 때, '지난주 수요일에 영희는 부산에 가지 않았다.'는 소전제가 있을 때, '그러므로 영희는 울산에 갔다.'라는 결론은 거짓이라 할 수 있다. 왜냐하면 영희는 수요일에 부산에 가지 않는다면 여수에 간다는 대전제에 어긋나기 때문이다. 이처럼 정언적 삼단논법과 선언적 삼단논법은 내용의 참과 거짓을 밝히거나 증명할 때 사용할 수 있다.

하지만 '바다라면 짠맛이 있다.'는 가언적 삼단논법에서의 조건이 있을 때, '짠맛이 아니라면 바다는 아니다.'라는 결론을 유추한다면 이것은 내용의 참 거짓이 아닌 형식 즉, 조건의 진위를 따지는 것이기 때문에 형식의 참과 거짓을 증명할 때 사용할 수 있다고 할 수 있다.

즉, 삼단논법은 참과 거짓을 가지고 증명할 수 있는데 정언과 선언적 삼단논법은 내용의 진위여부를 가언적 삼단논법은 형식의 진위여부를 가리는데 사용할 수 있다.

1. **정언적 추론** : S는 P이다 (모든 사람은 죽는다)
2. **가언적 추론** : S면 P이다 (비가 오면 나는 우산을 쓴다)
3. **선언적 추론** : S는 P 또는 Q이다 (평일에 난 집이나 도서관에 있다)

이제부터 추론의 종류에 대해 자세히 알아보자.

정언적 삼단논법

정언적 삼단논법은 말 그대로 일반적 명제를 바탕으로 하는 추론을 말하며, 보통은 삼단 추리 형태를 통한 논리적 증명을 하는데 활용할 수 있다.

정언적 추론 : S는 P이다(모든 사람은 죽는다)

정언적 삼단논법의 형식은 세 개의 개념과 세 개의 정언 명제로 구성되는 삼단논법의 가장 기본적인 형태라 할 수 있다.

예를 들어, "모든 사람은 죽는다."(대전제) "소크라테스는 사람이다"(소전제) "그러므로, 소크라테스는 죽는다."(결론)의 형식으로 된 것으로, 보다 일반화하면, "모든 S는 P이다"(대전제) "A는 S이다"(소전제) "그러므로, 모든 A는 P이다"(결론)로 표현된다. S는 전제에서 쓰이나 결론에서는 쓰이지 않는 것으로 그것을 대개념이라 하고, A를 소개념이라 한다.

소개념은 반드시 대개념에 포함되어야 정언적 삼단논법이 성립될 수 있다. 예를 들어. "모든 사람은 죽는다. 돌고래는 사람이다. 그러므로 돌고래는 죽는다." 라는 삼단논법은 성립이 되지 않는다. 왜냐하면 돌고래라는 소개념은 모든 사람의 대개념에 포함되지 않기 때문이다.

정언적 삼단논법에는 연역법, 귀납법 그리고 변증법이 있다. 연역법은 실증적 논증방법, 귀납법은 해석적 논증방법 그리고 변증법은 통합적 논증방법이라고도 할 수 있다.

이제부터는 정언적 삼단논법에 대해 하나씩 살펴보자.

연역법

1. **인간은 원숭이보다 아이큐가 높습니다. (대전제)**
2. **저 역시 인간입니다. (소진제)**
3. **그러므로 저는 원숭이보다 아이큐가 높습니다. (결론)**

연역법은 이미 증명된 증거를 가지고 논증을 하기 때문에 실증적 논증방식이라 할 수 있다.

예를 들어, '인간은 원숭이보다 아이큐가 높습니다. 저 역시 인간입니다. 그러므로 저는 원숭이 보다 아이큐가 높습니다.'의 형태이다. 여기서 '인간은 원숭이보다 아이큐가 높다.'라는 명제는 이미 과학적으로 검증이 되었기 때문에 실증적 방법이라 할 수 있다. 이때 중요한 것은 소전제가 반드시 대전제에 포함되는 범주여야만 논리가 형성된다는 것이다. **즉, 소전제는 대전제를 위한 충분조건이어야 하며 대전제는 소전제를 포함하는 필요조건이어야 한다는 의미이다.**

이 연역 삼단논법은 특히 토론과 설득에서 많이 쓰이는 방법이다.

토론에서는 "모든 국민은 행복추구권이 있습니다. 그리고 김영수 학생 또한 국민입니다.

그러므로 김영수 학생은 행복할 권리가 있는 것입니다." 이렇게 삼단논법을 적용할 수 있다. 삼단논법은 이미 검증된 또는 실제로 증명된 사실을 바탕으로 하기 때문에 매우 신뢰성이 높은 논리이다.

귀납법

1. 대한민국 헌법 제1조 1항에 의하면 대한민국은 민주공화국입니다. (제 1전제)
2. 대한민국 헌법 제2조 2항에 의하면 대한민국의 주권은 국민에게 있습니다. (제 2전제)
3. 따라서 지금 피고가 권력의 중심이 국가라는 말은 헌법에 위배됩니다. (결론)

이에 반해 귀납법은 제 1전제 - 제 2전제 - 결론으로 흘러가는 해석적 논증방법이라 할 수 있다.

'대한민국 헌법 제 1조 1항 대한민국은 민주공화국이다. 제 1조 2항 대한민국의 주권은 국민에게 있다. 따라서 지금 피고가 권력의 중심이 국가라는 말은 헌법에 위배된다.'라고 얘기하는 것은 2가지의 전제를 통해 결론을 유추하는 해석적 논증방식인 귀납법이라 할 수 있다.

하지만 귀납법은 과학적으로 입증된 사실을 바탕으로 한 실증적 방식이 아닌 전제를 바탕으로 결론을 유추하는 해석적 방식이기 때문이기 때문에 논리의 오류를 범할 수 있는 여지가 있다.

가령, '우리나라에도 토끼가 있다. 그리고 일본에도 토끼가 있다. 그러므로 모든 나라에는 토끼가 있다.'라고 얘기하는 방식이 귀납법이다. 하지만 결론이 해석으로 치우칠 수 있기 때문에 일반화의 오류 등의 논증의 오류를 범할 수 있는 부분이 있는 것이다.

그렇기 때문에 보다 설득력을 높이려면 전제의 토대가 되는 조건이 최대한 동일해야 하고 예시 전제가 많아야 한다.

변증법

다음은 '변증법적 논리'이다.

헤겔의 변증법이 설명하는 논리이론인데 정-반-합의 전개이론이다.

예컨대, '인간은 감정을 표현하는 동물이다. 하지만 어떤 동물들은 감정을 표현하지 못하는 경우도 있다. 그러므로 모든 동물이 감정을 표현하는 것은 아니다.' 라고 전개하는 방법이다.

그렇기 때문에 변증법적 삼단논법은 타협과 통합의 논증방식이라 할 수 있다.

1. 커피의 카페인은 몸에 해로운 점이 많습니다. (정)
2. 하지만 카페인은 몸의 활력을 주기도 합니다. (반)
3. 그러므로 커피가 반드시 몸에 나쁜 것은 아닙니다. (합)

'커피의 카페인은 몸에 해로운 점이 많다. 하지만 카페인은 몸의 활력을 주기도 한다. 그러므로 커피가 반드시 몸에 나쁜 것은 아니다.'에서 '커피의 카페인은 몸에 해로운 점이 많다.'부분이 정에 해당하고, '하지만 카페인은 몸의 활력을 주기도 한다.'는 정의 반대이기 때문에 반에 해당하며, '그러므로 커피가 반드시 몸에 나쁜 것은 아니다.'는 정과 반의 타협인 합에 해당할 수 있다.

가언적 삼단논법

가언적 삼단논법은 가정을 한 상태에서의 삼단추론을 말한다. 즉 조건을 설정한 후 결론을 도출해 내는 추론이라 할 수 있다. 그렇기 때문에 가언적 추론은 형식논리와 결부되어 있다. 형식 논리란 어떤 조건문이 주어지고, 이것이 바른지 어떤지의 여부를 논할 때에 그 조건문의 내용에 대해서는 무시하고, 형식만으로 진위를 판단하는 논리를 말한다. 그렇기 때문에 가언적 추론에서의 조건은 내용보다는 형식의 의미이기 때문에 형식논리와 밀접

한 관련이 있다고 할 수 있다.

1. 비가 오면 나는 우산을 쓴다. (대전제)
2. 나는 어제 우산을 쓰지 않았다. (소진제)
3. 그러므로 어제는 비가 오지 않았을 것이다. (결론)

위의 문장을 살펴보자.

가장 일반적인 가언적 삼단추론의 형식이다. '비가 오면 나는 우산을 쓴다. 나는 어제 우산을 쓰지 않았다. 그러므로 어제는 비가 오지 않았을 것이다.' 이 문장은 참일까 거짓일까?

결론은 참이다. 위의 조건문을 대우라고 하는데, 대우가 참인 이유는 조건이 먼저 선행한 후 명제가 생기기 때문에 명제가 실행되지 않으면 조건이 형성되지 않기 때문이다. 즉 원인이 발생하지 않으면 결과가 형성되지 않기 때문에 결과의 부정은 원인의 부정이라 할 수 있다.

이처럼 가언적 추론에서는 조건이 매우 중요하다. 그리고 가언적 추론은 형식논리와 결부되어서 생각할 수 있기 때문에 그 조건의 참과 거짓을 따져야 한다. 즉, 가언적 추론은 조건에 따른 명제의 진위여부를 가려야 한다는 의미이다.

역, 이, 대우

가언적 추론은 형식논리와 결부되어 있다. 그렇기 때문에 형식이 참인지 거짓인지를 살피기 위해서는 조건을 뒤집어서 생각하기도 하고, 조건을 부정하기도 하며, 조건을 바꿔서 부정하기도 해야 한다. 그러한 것을 바로 역, 이, 대우라고 한다.

명제(p → q)
비가 오면 땅이 젖는다.

역(q → p)
땅이 젖으면 비가 온다. (거짓)

이(~p → ~q)
비가 오지 않으면 땅이 젖지 않는다. (거짓)

대우(~q → ~p)
땅이 젖지 않았으니 비가 오지 않는다. (참)

'비가 오면 땅이 젖는다.'의 문장을 살펴보자. '비가 오면'이라는 조건을 전건이라 하고 형식논리에서는 p 라고 표시하고, '땅이 젖는다.'를 후건이라 하며 q 라고 표시한다. 가언적 추론은 참과 거짓을 가려내는 것이 중요하기 때문에 명제의 형식적 진위를 반드시 살펴보아야 한다. 이때, '땅이 젖으면 비가 온다.'라는 명제를 '역'이라 하고 '비가 오지 않으면 땅이 젖지 않는다.'라는 명제를 '이'라고 하며, '땅이 젖지 않았으니 비가 오지 않았다.'라는 명제를 '대우'라 한다. 그런데 대우만 참이며 나머지는 모두 거짓이 된다.

왜냐하면, '역'의 경우 땅이 젖으면 비가 오는 것인데, 눈이 왔을 때 땅이 젖을 수도 있기 때문에 명제의 역은 거짓이라고 할 수 있다. '이'의 경우 즉, 비가 오지 않으면 땅이 젖지 않는다. 라는 명제 역시 비 외에도 눈이 오지 않아도 땅이 젖지 않을 수 있기 때문에 이 명제 역시 거짓이 된다. 그런데 대우의 경우는 원인과 결과에 의해 결과의 부정은 원인의 부정을 가져올 수 있기 때문에 참이 될 수 있다.

역, 이, 대우는 정언과 가언적 삼단논법, 선언과 가언적 삼단논법의 혼합 형태에서도 사용할 수 있다. 가령, '63빌딩은 63층으로 이루어져 있다. 만일, 63층으로 이루어져 있지 않는다면 63빌딩이 아니다.'는 삼단논법은 정언적 형태와 가언적 형태의 혼합이라 할 수 있다.

그렇다면, 이러한 명제는 어떨까? '모든 과일은 맛있다. 바나나도 과일이기 때문에 맛있다.'라는 정언적 삼단논법은 참일까? 거짓일까?

'모든 과일은 맛있다.'에서의 맛있다는 표현은 가치를 다루는 것이지 사실을 다루는 것이 아니기 때문에 참과 거짓으로 말할 수 없다. 즉, 가치명제는 사실이 아닌 개별적 기준이 다르기 때문에 참과 거짓으로 말하기 힘든 부분이 있다.

선언적 삼단논법

1. **철수는 휴일에 도서관이나 영화관에 간다.** (대전제)
2. **지난주 주말에 철수는 도서관에 가지 않았다.** (소진제)
3. **그러므로 지난주 주말에 철수는 영화관에 갔을 것이다.** (결론)

선언적 삼단추론은 '철수는 평일에 집이나 도서관에 있다.'와 같은 구조의 선택적 명제의 추론형태이다. 예를 들어, '철수는 지난주 금요일에 집에 없었다. 그러므로 철수는 도서관에 있었다.'라는 말은 참이지만, '철수는 지난주 토요일에 집에 없었다. 그러므로 철수는 도서관에 있었다.'라는 말은 거짓이 된다. 왜냐하면 '철수는 평일에 집이나 도서관에 있다.'라는 명제에는 철수가 평일에 집이나 도서관에 있다는 말이고, 주말인 토요일에는 그 외의 장소에 있을 수도 있기 때문이다.

또한, '철수는 휴일에 도서관이나 영화를 본다.'에서 만일 소전제가 '지난주 주말에 철수는 영화관에 갔다.'라면 결론은 '그러므로 지난주 주말에 철수는 도서관에 가지 않았을 것이다.'가 되는 것이다.

만약 소전제가 '지난주 주말에 철수는 도서관이나 영화관에 아무 데도 가지 않았다.'라면 이 문장은 오류가 있다고 할 수 있다. 왜냐하면, 대전제

에서 이미 '철수는 휴일에 도서관이나 영화를 본다.'라고 명시를 했기 때문에 대전제에 포함되지 않는 소전제는 가능하지 않기 때문이다.

마찬가지로 소전제가 '지난주 주말에 철수는 도서관과 영화관에 모두 갔다.'라는 문장 역시 대전제의 선택에서 벗어나는 것이라 할 수 있다. 이미 대전제에서 '철수는 휴일에 도서관이나 영화관을 간다.'라고 했기 때문에 도서관 또는 영화관을 선택한다는 의미가 된다. 그렇기 때문에 '철수는 도서관과 영화관에 모두 갔다.'는 문장의 소전제는 대전제의 교착이나 교집합을 포함하고 있기 때문에 논리의 오류라 할 수 있다. 즉, 소전제는 대전제의 교착이나 교집합이 있어서는 안 된다는 의미이다.

선언적 삼단논법에는 대전제에 대한 소전제의 배척과 교착의 오류 외에도 애매성의 오류가 있을 수 있다. 예를 들어, '기후는 춥거나 덥다.'는 명제는 기후가 춥지도 덥지도 않음이 포함될 수 있기 때문에 대전제로서의 역할을 할 수 없다.

즉, 선언적 삼단논법은 선택적 삼단논법으로 소전제는 반드시 대전제의 선택사항에 포함되어야 하며, 그러한 선택으로 인해 결론이 결정되는 삼단논법이라 할 수 있다.

논리의 요약

논리가 어려운 이유는 이치에 합당한가의 여부를 따지기 때문이다. 하지만 논리는 수학처럼 명확한 공식이 있기 때문에 분명한 논리의 이치와 형식만 알고 있으면 전혀 어렵지 않다.

논리에서 가장 중요한 것은 명제가 참이냐 거짓이냐의 여부이다. 즉, 명제는 참과 거짓을 구별할 수 있는 문장인데, 가치명제의 경우 개별적으로 판단기준이 다르기 때문에 논리에서는 사실명제만 다룰 수 있다.

또한, 충분조건과 필요조건 모두 명제가 참일 때만 성립하므로 가치명제나 거짓인 명제는 필요조건과 충분조건이 성립하지 않는다. 그리고 하위개념이 상위개념을 충족시킬 때 충분조건이 되고, 상위개념이 하위개념을 필요로 할 때, 필요조건이 성립한다. 예컨대, '침대는 가구이다.'는 충분조건이지만, '가구는 침대이다.'는 명제는 충분조건이 성립되지 않는다. 왜냐하면 가구는 침대의 상위개념이지 하위개념이 아니기 때문에 상위개념이 하위개념을 충족시킬 수 없다는 의미이다.

삼단논법에는 정언, 가언, 선언적 논법이 있으며 추론에서 가장 많이 쓰이는 형태로 삼단구성으로 인해 논리를 펼쳐내는 방식이라 할 수 있다. 즉, 4단으로 구성하면 4단 논법이고, 5단으로 구성하면 5단 논법이지만 가장 보편적으로 정리하는 논증의 형태가 바로 삼단논법이라는 의미이다.

또한, 기본적으로 삼단논법은 연역추리를 일반적으로 활용하고 있지만, 귀납법이나 변증법과 같은 특수한 형태의 추리도 있다.

대부분의 논법은 정언, 가언, 선언의 한 가지 형태보다는 혼합의 형태로 쓰고 있다는 것도 상기해야 한다. 또한, 논리는 내용논리와 형식논리로 구별할 수 있는데, 내용논리는 정언, 가언, 선언적 추리에서 모두 활용하고 있으나 형식논리는 주로 가언적 추리에서 사용하고 있다.

역, 이, 대우는 내용논리를 다루는 것이 아니라 형식논리를 다루는 것이며 후건부정의 대우 외에는 모두 거짓이라 할 수 있다. 명제가 참인 경우 대우가 참인 이유는 원인에 따라 결과가 있기 때문에 결과가 없으면 원인도 없다는 논리로 설명할 수 있다. 예를 들어, '비가 오면 땅이 젖는다.'라는 가언명제에 있어 비가 오는 원인이 있어 땅이 젖는 결과가 생기기 때문에 이 명제의 대우인 '땅이 젖지 않았으니 비가 오지 않은 것이다.'는 참이 되는 것이다.

논리에 있어 용어를 아는 것과 더불어 어떻게 논증을 하고 추론을 하는지를 명확히 아는 것이 중요하다. 설득력을 높이기 위해서는 상대방이 어떤 논리를 펴는지 그리고 화자는 어떠한 논증을 선택해야 하는지를 정확히 파악해야 하기 때문이다.

이외에도 삼단논법은 정언, 가언, 선언이 혼합이 되어 있는 복합적 형태로도 존재한다. 가령, '사람은 직립보행을 한다. 철수는 한국 사람이거나 일본 사람이다. 결국 철수도 사람이기 때문에 직립보행을 한다.'는 정언과 선언의 형태가 섞여 있는 삼단논법도 있다고 할 수 있다.

4장

실수의 유형

실수의 유형

4

실수의 유형

핵심에서 벗어나기

'모든 말하기에서 가장 중요한 것이 무엇이냐?'라고 묻는다면 단언컨대, '핵심키워드'라고 얘기하고 싶다.

대화나 발표, 토론 등 모든 스피치에서 가장 근간을 이루는 것은 바로 핵심키워드이다.

토론이나 대화를 하다보면 '내가 지금 무슨 얘기를 하고 있지?' 또는 '어디까지 얘기했더라?'라는 생각을 부지불식간에 하게 된다. 핵심키워드가 분명하면 이러한 혼란을 줄일 수가 있다.

가령, 토론에서 상대방이 "청년실업 문제를 해결하기 위한 어떤 방안이 있는 거예요?"라고 물었다고 가정해보자.

여기서 핵심키워드는 무엇인가? '청년실업 문제 해결방안'이다. 이것이 가장 중요한 질문의 요지이다. 따라서 답변할 때도 질문의 핵심을 놓치면 안 되는 것이다.

두 가지 답변의 예를 들어보자.

첫 번째는 "네, 제 생각엔 청년실업 문제가 현시점에서 가장 시급하다고 봅니다. 정부에서 실시하는 모든 정책 중 가장 실업 문제에 주안점을 둬야 한다고 생각합니다. 그렇기 위해서 먼저 정부 각급 장관들을 소집해서 실업에 대한 얘기를 해야 한다고 생각합니다."

두 번째는 "네, 현재 청년실업이 올해 통계로 10%에 육박하고 있습니다. 사태의 심각성을 정부와 국회 모두 인지해서 대안을 반드시 마련해야 합니다. 청년 취업문제와 창업문제 두 마리 토끼를 다 잡아야 합니다. 경제 불황과 임금피크제로 인해 청년의 일자리는 줄어들고 있습니다. 근시안적이고 수치를 위한 일자리창출이 아니라 보다 근본적인 문제를 가지고 청년 취업문제와 창업문제를 접근해야 합니다."

이 두 가지 답변에서의 차이점을 분명히 찾았다면 당신은 핵심키워드를 놓치지 않았다고 생각한다.

첫 번째는 '청년실업'이 아니라 '실업에 대한 문제'로 답변을 했다. 그리고 두 번째는 '청년실업 문제에 대한 해결책'을 내세웠다. 따라서 청중들은 두 번째의 답변을 듣고 신뢰를 느낄 수 있을 것이다.

대화에서도 마찬가지이다.

가령, '환경문제'에 대한 이야기를 하는데, A는 "저는 육식보다는 채식을 해야 합니다."라고 말을 했고, B는 "환경문제를 위해서는 국민들의 환경문제에 대한 심각성과 더불어 일상에서 실천할 수 있는 부분에 대해 애기하겠습니다."라고 말을 했을 때 듣는 사람은 누구의 말에 귀를 기울이겠는가?

이처럼 핵심키워드는 말을 할 때의 뿌리와 근간이 된다. 그리고 그 핵심을 바탕으로 스토리텔링 즉, 이야기구성을 하면 대화와 설득을 할 때 논점을 흐리지 않을 수 있다.

근거 없이 반박하기

우리가 대화나 토론을 할 때 많이 범하는 오류 중에 하나가 바로 근거 없이 상대방의 말을 반박하는 것이다.

예를 들어, '무너지는 중산층'에 대한 주제로 토론을 벌인다고 생각해보자. 상대방이 중산층이 점점 무너지고 있다는 얘기를 할 때, 이쪽에서 그 주장을 반박할 때 "저는 그 생각에 동의하지 않습니다. 서울의 경우에는 오히려 더욱 중산층이 더욱더 생기고 있기 때문에 중산층이 무너진다 말할 수 없습니다."라고 말을 한다면 그것은 그 사람의 주장이 될 수밖에 없다. 주장이 아닌 논증이 되려면 반드시 명확한 근거 즉, 정확한 통계와 수치를 가지고 얘기를 해야 한다. 그래야 설득력을 높일 수 있다.

위의 경우에는 "중산층의 기준이 세전 월 350만 원 이상 가구를 말하는데, 작년 통계를 보면 서울의 경우는 70%의 경우가 중산층에 해당되지만, 전국통계를 보았을 때는 58%의 경우만 중산층에 해당됩니다. 이는 5년 전의 전국 중산층 통계 65%에 비해 현격히 줄어든 수치입니다."라는 식으로 얘기해야 한다.

근거를 제시할 때는 출처를 정확히 말해야 한다. 그래야 더욱 설득력을 높일 수 있다. 100분 토론을 보다보면 근거 없이 자신의 의견이 마치 사실인양 얘기하는 경우가 많다. 아직 우리나라의 토론은 여러 가지 부분에서 성숙하지 못하다. 특히, 근거가 없이 얘기하는 경우 상대방에게 신뢰를 주지 못할 뿐만 아니라, 상대방에게 정확성을 가지고 반박을 할 수도 없다.

그렇기 때문에 평소에 근거를 가지고 말하는 연습과 더불어 상대방의 얘기에도 명확한 근거를 가지고 설득하는 훈련을 하는 것이 중요하다.

삼천포로 빠지기

대화를 하거나 발표를 할 때 가장 흔히 하는 실수 중에 하나가 삼천포로 빠지는 유형이다. 예를 들어 '자기소개'를 하다가 '돈' 얘기로 마무리를 하거나, '행복'에 대한 주제를 갖고 얘기를 하다가 '불행'으로 마무리하는 것은, 마치 시작은 창대하지만, 끝은 미약한 경우이고, 용두사미와 같다.

예전에 어떤 분이 '자신이 살면서 가장 큰 실수'라는 주제로 발표를 했는데, 처음 시작은 자신이 몇 년 전에 했던 어처구니없는 실수담이었다. 지하철을 타다가 자신의 이상형을 봤다는 것이다. 그래서 듣는 사람도 그분 얘기에 푹 빠져 얘기를 듣고 있었는데, 어느 순간 지하철을 잘못 타서 내렸다는 것이다. 결국 결론은 '복잡한 지하철'로 맺으면서 주제가 모호해져 버렸다.

이처럼 삼천포로 빠지는 것은 대화나 토론을 할 때 범하는 일반적인 실수 중 하나다. 그렇다면 왜 이와 같은 실수를 하는 것일까? 원인은 바로 '핵심'을 이어나가지 못해서이다. 스토리구성에서 스토리는 물로 비유하자면 큰 물줄기이다. 그런데 이야기를 하다보면 작은 지류, 즉 작은 물줄기로 빠질 수가 있다. 그럴 때는 큰 물줄기의 힘이 약해질 때이다.

즉, 핵심에서 멀어지기 시작할 때 다른 이야기들이 머릿속에 들어오기 시작한다. 다시 말하면, '핵심'을 잡고 그 핵심에서 이야기를 첨가 하는 것과, 핵심을 놔두고 새로운 이야기를 만드는 것의 차이가 바로, '큰 줄기'를 잡느냐 그렇지 못하느냐의 차이라는 것이다.

따라서 우리가 이야기를 할 때는 예컨대, '자기소개'를 할 때는 자기와 관련된 것이 핵심키워드이기 때문에, '자기'와 관련된 이야기를 중점적으로 하는 것이 중요하다. 자신의 가치관, 자신의 장단점, 자신의 가족, 친지 이야기가 핵심키워드이다. 그런데 갑자기 '자기'라는 핵심키워드와 관련이 없는 '애완견 키우기', '드라이브'등으로 주제가 옮겨진다면, 듣는 사람은 그때부터 헛갈리기 시작하고, 말하는 사람도 '내가 무슨 얘기를 하고 있지?'라며 혼돈을 겪게 되는 것이다.

따라서 **말을 할 때, 이 '핵심키워드'를 잡고 흔들리지 않는 것이 삼천포로 빠지지 않는 길이라는 것을 늘 상기해야 한다.**

불완전한 전제

'사람은 죽으면 환생을 한다. 그렇기 때문에 우리는 이승에서 죄를 지으면 안 된다. 죄를 짓게 되면 다음 세상에서 좋지 않은 모습으로 부활할 수도 있기 때문이다.'라는 말을 예전에 들은 적이 있다.

필자는 종교에 대해 왈가왈부할 생각은 없으니 오해 없길 바란다. 다만 위의 문장에서는 '사람이 죽으면 환생을 한다.'라는 말이 논리가 있는 것처럼 보이지만 사실 대표적인 전제의 오류라 할 수 있다. 왜냐하면 환생이라는 것이 아직 증명이 되지 못했기 때문이다.

또한, 홍보나 마케팅에서도 전제의 오류는 많이 살펴볼 수가 있다.

'독일제가 아시다시피 모든 부분에서 최고의 성능을 자랑하기 때문에 믿고 쓰셔도 됩니다.'라는 홍보문구를 본 적이 있다. 위의 홍보에서 이런 문제 제기를 할 수 있다. '과연 모은 부분에서 독일제가 최고의 성능을 자랑하는가?'라고 말이다. 물론 독일제가 차나 공구 같은 기계부분에서는 최고의 성능을 자랑하기도 하지만 모든 부분에서 최고라고 할 수는 없다. 그렇기 때문에 위의 '독일제는 모든 부분에서 최고의 성능을 자랑한다.'라는 전제는 온전하지 않다.

물론 100%의 온전한 전제가 있냐고 반문할 수도 있다. 가령, '모든 사람은 죽는다.'라는 전제가 과연 온전한가? 라고 말할 수 있다. 현재까지 밝혀진 과학과 의학에서는 그렇다. 물론 앞으로 의학이 발달해서 획기적인 신약이 나온다면 '사람은 죽지 않을 수도 있다.'라는 전제가 가능할지도 모르나 의학적으로 밝혀진 것은 '모든 사람은 죽는다.'이기 때문에 이러한 명제는 온전하다고 할 수 있다.

'내 남자친구는 잘생겼다. 앞으로 봐도 잘생겼고 옆에서 봐도 잘생겼다. 그렇기 때문에 내 남자친구는 세상에서 가장 잘생겼다.'라는 말도 개별적인 생각이기 때문에 마치 사실처럼 들리고 온전한 것으로 보일 수 있지만, '남자친구가 잘생겼다.'라는 말은 지극히 주관적인 가치명제이기 때문에 온전한 전제라고 말할 수 없다.

즉, 사람마다 기준이 있는 가치기준이나 개별적인 사실은 온전한 전제라고 할 수 없다. 전제가 온전하지 않으면 설명이나 논증이 설득력이 생기기가 어렵다. 그렇기 때문에 불완전한 전제인지 아닌지를 늘 살펴보아야 한다.

부정확한 사실

정확하지 않은 사실을 마치 정확한 사실인양 말하는 경우가 많다.

예를 들어, "해산물을 섭취하면 다이어트에 도움이 된다. 왜냐하면 해산물에는 '팩틴'이라는 식이섬유가 많이 들어있기 때문에 포만감을 줄 수 있다. 그렇기 때문에 해산물을 자주 섭취할수록 포만감을 줄 수 있고 그렇기 때문에 다이어트에 도움을 줄 수 있다."라는 말은 논리적인 것처럼 보이지만 사실이 아니다. 즉, 부정확한 사실의 오류이다.

"체중 증가 걱정된다면 채소를 먹으면 많은 도움이 된다. 채소에는 '팩틴'이라는 풍부한 식이섬유가 많이 들어있기 때문에 식사를 하기 전에 채소를 먹으면 도움이 될 수 있다. 특히 식사 전에 바나나를 먹으면 많은 도움이 된다. 음식 섭취량 조절이 쉽지 않다면 식사 전에 바나나를 먹는 것을 추천한다. 바나나에는 특히 '팩틴'이라는 식이섬유가 풍부해 포만감을 느끼게 하고, 과식을 막아준다. 또한 바나나에는 풍부한 칼륨이 포함되어 있어, 나트

륨 배출을 도와주기 때문에 몸의 부기를 해소하는데 많은 도움을 준다."라고 말하는 것이 정확한 사실이다.

정확하지 않은 사실은 듣는 사람에게 혼돈을 주기 때문에 신뢰가 떨어진다.

또한, 말이 아무리 논리적이라도 사실이 정확하지 않기 때문에 설득력도 떨어진다. 그렇기 때문에 화자는 자신의 말이 사실인지 아닌지를 정확히 파악하고 인지한 후에 말을 해야 한다. 그래야 신뢰와 더불어 설득력을 피력할 수 있다.

감정적으로 말하기

토론회나 100분 토론과 같은 프로그램을 보다보면 상대방의 얘기를 듣거나 자신의 의견을 얘기할 때 감정적으로 얘기하는 경우가 많다.

이야기를 하는 사람이 감정적이면 논리적으로 말하기가 어렵다. 왜냐하면 의학적으로 흥분상태에 놓이게 되면 상대방이 자신에게 자극을 준 말이나 행동에 집착하기 때문이다. 흥분이나 긴장을 하면 아드레날린이라는 호르몬이 분비된다.

이 아드레날린이라는 호르몬은 자신을 방어하기 위해 상대방을 공격하는 성질을 지니고 있다. 그렇기 때문에 감정적으로 말하다보면 이야기의 핵심과 논지를 잃게 되고, 객관적인 이성을 잃게 된다.

자신의 논리를 객관적인 근거를 가지고 관철시키기 보다는 상대방의 비방이나 감정을 가지고 얘기하는 가장 큰 이유가 바로 흥분이다.

흥분하는 이유는 자신의 논리가 막히거나 상대방의 이야기에 감정적으로 대응하기 때문이다. 감정적으로 대응을 하다보면 자신이 말하고자 하는 핵심을 놓치게 되고, 객관적인 논지를 갖고 얘기하기 보다는 주관적으로 감정에 함몰할 가능성이 많다.

그렇기 때문에 감정적으로 만하는 것은 토론이나 논리적으로 말하는 데 있어 큰 방해가 될 수 있다.

만약 논리적으로 말하고자 한다면, 바로 이러한 감정의 성질을 잘 이해하고 최대한 이성적이고 객관적인 태도로 임해야 한다. 그렇게 해야 설득력을 높일 수 있기 때문이다. 감정적 상황에 흥분하지 않고, 객관적으로 논지를 갖고 사회나 토론에 임하는 대표적인 분이 바로 손석희 씨라 할 수 있다. 그 분의 토론을 보면, 감정에 흔들리지 않고 객관적이고 이성적인 판단으로 논리의 핵심을 놓치지 않고 일관성 있는 논지와 근거로 논리를 펼친다. 그러한 부분 때문에 더욱 설득력을 발휘할 수 있다고 말할 수 있다.

따라서 감정적으로 말하는 것보다는 객관성에 입각해 사실과 근거로써 주장을 하는 것이 설득력을 높이는 방법이라 할 수 있다.

자기주장만 늘어놓기

토론이나 대화를 하다 보면 논증과 의견을 구별하지 못하고 말하는 경우가 많다. 자신의 의견을 개인적인 의견일 뿐 논리적인 증명은 아니다. 논리적인 증명을 위해서는 객관적인 자료와 명확한 근거가 수반되어야 한다.

의견은 어떤 대상에 대하여 가지는 생각이고 주장은 자기의 의견이나 주의를 굳게 내세우는 것이다. 그런데 자기주장만 늘어놓는 다는 것은 두 가지의 문제를 초래한다.

첫째는 상대방의 얘기를 진심으로 경청하지 않는다는 의미이다. 만일 상대방의 이야기를 진심으로 경청한다면 인정할 부분은 인정하고 자신의 의견을 피력할 부분은 호소하기 때문에 자기주장만 늘어놓는다는 말은 상대방의 이야기를 진심으로 듣고 있지 않는다는 말이다.

둘째는 상대방을 진심으로 존중하지 않는다는 의미이다.

대화와 토론에서 중요한 부분 중 하나는 바로 '소통'이다. 소통은 인간과 인간 사이의 상호작용을 말하는데, 자기주장만 나열하는 사람은 바로 그러한 소통이 부족하다. 대화나 토론에서 소통이 부족하게 되면 결국 자신의 의견이나 주장만 서로 나열하는 즉, 대화의 교집합이나 합집합 없이 나열식 대화와 주장만이 있을 뿐이다.

예를 들어, 토론에서 "제 생각엔 그쪽 의견은 어불성설입니다. 아무리 학생의 의견이 중요하고 학생의 권리를 존중해야 하더라도 교권이 추락하는 것을 보고 있어야 되겠습니까? 선생님이 있어야 학생도 있는 것 아니겠습니까? 스승의 그림자도 밟지 말라고 했거늘 요새 아이들을 보면 선생님을 개똥으로 아는 것도 아니고 어찌 그렇게 무례할 수가 있습니까?"라고 말하는 경우가 있다.

위의 경우는 교권의 추락을 답답해하며 애통해하는 생각에서 주장하고 있다. 물론, 그러한 의견과 견해를 내는 것은 가능하다. 그렇지만 그 의견과 견해가 어떠한 논거나 객관성이 결여된 자기만의 주장일 경우는 설득력이 떨어진다. 위의 토론에서도 '선생님이 있어야 학생도 있는 것이다.'라는 주장은 지나친 비약이라 할 수 있다. 즉, 상대방의 논지는 '학생의 권리를 존중해야 한다.'는 부분이 핵심인데, 그것에 대한 반박이라기보다는 자신의 감정이 지나치게 반영된 주장이라 할 수 있다.

그렇기 때문에 논리적으로 말을 하는데 있어 그러한 자신의 주장만 늘어놓는 주장은 설득력이 떨어진다고 할 수 있다.

5장

설득을 이끄는 방법

설득을 이끄는 방법

5

설득을 이끄는 방법

설득할 때

먼저 설득과 협상과 타협의 차이를 명확히 알아야 한다.

설득이란, 상대방에게 말과 행동으로써 나의 의견을 관철하는 것이다. 이에 반해 협상은 나의 이익을 얻기 위해 때론 상대방에게 양보도 하고 제안도 하는 것을 말한다. 마지막으로 타협은 나도 양보하고 상대방도 양보해서 원활한 조율을 이루는 것이다.

설득할 때는 상대방에게 논리적인 말로써 자신의 의견을 관철할 수도 있지만, 상대방의 감성을 자극함으로써 마음을 침투할 수도 있다. 즉, 최고의 설득이란 상대방의 이성과 가슴을 모두 지배하는 것이다.

1. **논리적인 설득할 때**
2. **감성적인 설득할 때**
3. **논리적, 감성적 설득할 때**

먼저 논리적인 설득이란 상대에게 차분히 무언가를 설명해서 이해를 시킬 때이다. 가령, 사업설명회를 할 때 왜 이 사업이 필요한지 그리고 사업의 수익성은 어떤지에 대해서 다양한 통계와 사실적 자료 그리고 근거에 대해 조리 있게 얘기함으로써 상대방을 설득시키는 것이다.

그렇기 때문에 논리적인 설득을 하려면 내가 얘기를 하려는 것에 대해 정보를 많이 알고 있어야 하고 또한, 차분하고 짜임새 있게 설명을 해야 이해를 시킬 수 있다. 보통은 내가 갑의 위치 즉, 지식이 더 많거나 아니면 더 차분한 상태에서 논리를 가지고 얘기하는 경우가 많지만 때론 팽팽한 위치나 을의 위치에서도 논리적으로 얘기할 수 있다.

감성적인 설득이란 상대의 감성을 침투해서 설득을 시키는 방법이다. 예를 들어, 어떤 물건을 팔 때 상대에게 왜 이 물건을 살 수 없는지를 제스처 그리고 감정으로 표현하는 것을 얘기한다. 대개는 내가 을의 위치나 팽팽한 위치일 때 감성적 설득을 하는 경우가 많지만 갑의 위치에서도 비언어적 감성적 설득을 할 수 있다.

그렇다면 설득에서 갑과 을의 위치 즉, 유리한 조건과 불리한 조건은 무엇일까?

1. **설득에 유리한 조건일 때**
2. **설득에 불리한 조건일 때**

먼저 설득에 유리한 조건일 때는 내가 설득에서 지식과 능력이 많거나 상대방보다 위치가 높거나 상대방이 내 말에 귀를 기울일 때를 얘기한다.

이때는 논리적으로 얘기하거나 동시에 비언어적인 표현을 같이 사용해서 상대방의 이성과 감성을 침투하면 설득의 성공확률이 매우 높아진다.

문제는 설득에 불리한 조건일 때이다.

설득에 불리한 조건일 때는 내가 설득을 할 때 상대방보다 지식이나 능력이 부족하거나 또는 내가 흥분한 상태이거나 절박한 상태일 때 그리고 상대방이 내 얘기에 방어를 하고 있을 때이다.

그럴 때 가장 필요한 것은 상대방의 반응에 맞추어 논리적 감성적 설득을 적절히 활용하는 것이다.

즉, 상대방의 반응에 맞춰 적재적소에 맞는 타이밍을 조절하는 것이다. 때론 이성적으로 때론 감성적으로 상황에 맞게 그리고 상대방의 반응에 맞게 설득을 하는 것이 확률을 높이는 방법이다.

논리적으로 설득할 때

논리적으로 설득을 한다는 의미는 '짜임새'를 가지고 상대방에게 나의 의견을 조리 있게 피력하는 것이다.

여기서 논리적으로 말을 한다는 것은 두 가지 의미가 있다. 하나는 일관성 있게 얘기하는 것을 말하고 둘째는 구체적인 논리로 이야기하는 것을 말한다. 구체적인 논리란 비교, 대조, 예시, 유추, 인과 등을 통한 전개이다.

먼저 일관성 있게 얘기를 한다는 의미는 어떠한 이야기를 흐트러짐 없이 얘기한다는 것이다. 예를 들어, 금연의 중요성에 관해 얘기를 하는데 담배의 수출국에 관해서 얘기를 하는 것은 일관성이 부족하다고 할 수 있다. 또한 체벌의 문제점에 대한 얘기를 하는데 체벌로 인해 교권이 추락한다는 이야기는 일관성에 어긋날 수 있다.

이처럼 일관성에 부합하지 않는 이야기는 상대방에게 설득력을 심어 줄 수 없다. 왜냐하면 이야기의 핵심이 뒤죽박죽일 때 상대방은 혼란을 느끼고 신뢰를 갖기 힘들기 때문이다.

둘째로는 구체적인 논리가 있을 때 설득력이 생길 수 있다.

가령, 어떤 자동차 영업점에서 손님이 "이 차가 왜 2000만 원이나 하죠?"라고 얘기했을 때, 판매원이 "먼저 차의 연비 부분을 들 수 있는데요. 비슷한 종류의 2,000cc에서 가장 좋은 25Km의 연비를 자랑하고 있습니다. 이것을 한 달 단위의 기름 값으로 환산했을 때 월 2만 원 정도를 절약할 수 있고 년 단위로 계산했을 때는 24만 원 가량을 아낄 수 있습니다.

또한, 기술력을 들 수 있습니다. 국내 모터쇼에서 우승을 했을 정도로 엔진과 디자인 면에서 이미 유럽의 B사와 M사에서 호평을 보일 정도였습니다. 또 다른 기술로는 하이브리드 엔진을 들 수가 있어요. 즉, 전기를 이용해서 동력을 만들기 때문에 경제적으로도 큰 효용가치가 있다는 겁니다."

지금 위에서 열거한 구체적인 논리는 비교와 예시이다. 즉, 비교와 예시를 통해 상대방에게 짜임새 있는 얘기를 전달해 주고 있다.

또한, 프레젠테이션을 할 때도 마찬가지이다.

발표자가 A 상품에 대한 판촉을 할 때, "지금 현재 A상품과 판매실적이 비슷한 B 상품의 경우 내구성과 견고성 면에서 소비자들의 불만이 많았기 때문에 3분기부터는 매출이 20% 정도 감소했습니다. 하지만 저의 제품은 견고성 면에서는 타의 추종을 불러일으킵니다. 실제로 제품을 3M의 높이에서 떨어뜨린 실험에서도 어떤 제품의 하자나 손실이 발생하지 않았습니다."

위에서 제시한 부분은 바로 비교와 인과와 예시이며 그것을 통해 구체적 논리를 심어주고 있다. 어떤 얘기를 구체적인 논리로 푼다면 상대방이 이성적 공감과 수긍을 하는데 있어 많은 도움이 될 것이다.

논리적으로 설득을 하기 위한 또 하나의 중요한 부분은 '사실적인 근거'를 바탕으로 해야 한다는 것이다.

어떠한 얘기에 신뢰를 가지려면 그 얘기가 신빙성이 있어야 한다. 여기서의 신빙성이란, 과학적 사실적 통계적 근거에서 이뤄진 사실일 때 만들어지는 요소이다.

만약, 누군가 병에 대한 보고를 할 때 "제가 들은 바에 의하면 사람들이 암을 제일 두려워한다고 합니다." 또는 "제 생각엔 사람들이 암을 무서워하는 것 같습니다."라고 보고하는 것보다 "생명보험회사의 통계에 따르면 성인들이 가장 두려워하는 병이 암(59.1%)으로, 2위인 고혈압(6.9%)과 3위인 디스크-관절염(4.0%)과는 비교가 되지 않을 정도로 높게 나타나고 있습니다."라고 사실적인 근거를 바탕으로 얘기하는 것이 청중들에게 신뢰를 줄 수가 있다.

또 다른 논리의 방법으로 논증의 방식이 있다. 논증이란 앞서 설명했듯이, 논리적으로 증명을 하는 설득의 형태이다. 즉, '연역법', '귀납법', '변증법'을 통해 논리적인 증명을 하는 것이다.

연역법은 이미 실증된 사실적 결론을 먼저 내세움으로써 논리적으로 증명하는 방식이다. 가령, "민주주의 제도 하에서 누구에게나 기회는 균등합니다. 한국역시 민주주의 국가이기 때문에 누구에게나 평등한 기회를 줘야 합니다."라고 얘기하는 것이다.

연역법은 이미 실증된 사실을 결론으로 하고 있기 때문에 신빙성이 백프로에 가깝다. 하지만 처음에 제시한 대전제에 소전제가 포함되어 있지 않을 때에는 논리의 오류가 생길 수 있다. 예를 들어, "민주주의 제도 하에서는 누구에게나 기회는 균등합니다. 북한 역시 평등한 기회를 줘야 합니다."라는 문장에서 북한은 민주주의 제도를 추구하지 않기 때문에 민주주의라는 대전제에 적합하지 않는 모순적 논리라 할 수 있다.

이에 반면 귀납법이란 쉽게 얘기해서 해석적 추리를 하는 논증방식이다. 즉, "한국에는 기러기가 있습니다. 일본에서도 기러기가 존재합니다. 따라서 모든 나라에서 기러기가 존재할 수 있습니다."라고 얘기하는 방식이다.

귀납법은 제1전제와 제2전제를 바탕으로 결론을 추론하기 때문에 논리의 비약이나 일반화의 오류에 빠질 위험이 높다.

이처럼 논리적인 설득은 조리 있는 또는 짜임새 있는 얘기를 함으로써 상대방의 이성에 어필하는 효과적인 설득의 방법이 될 수 있다.

하지만 그 논리가 사실에 근거를 하고 있지 않거나 논리의 비약과 모순이 있을 경우에는 상대방의 이성을 침투할 수가 없기 때문에 논리적인 설득을 할 때는 바로 그러한 점을 늘 유의해야 한다.

진정성 있게 설득할 때

진정성으로 설득을 한다는 의미는 언어 외적인 감정, 표정, 태도, 눈빛, 목소리, 제스처 등으로 상대방의 마음을 침투한다는 의미이다.

우리가 누군가에게 설득할 때 과연 논리적으로만 얘기를 할까? 그렇지 않다. 실제로는 감성적으로 어필해서 상대방의 마음을 침투하는 경우가 더 많다.

가령, 우리가 면접을 할 때 논리적으로 대답을 하는 것도 면접관에게 어필할 수 있는 좋은 방법이지만 실제로 면접관이 가장 많이 보는 것은 '면접태도'이다.

바로 이 면접태도가 비언어적 설득 즉, 감성적 설득이라 할 수 있다.

또한, 어떤 발표를 할 때도 가령, '투자 설명회'를 한다고 했을 때 발표자는 왜 투자가 필요한지 그리고 어느 정도의 수익을 창출할 수 있을지, 투자 대비 효과는 어떠한지에 대해 투자자에게 논리적으로 얘기해야 한다.

하지만 논리적인 설득 외에도 감성적인 설득이 존재한다. 여기서의 감성적인 설득이란 투자자에게 진정성 있는 태도, 눈빛, 목소리 그리고 말에 강약을 조절하면서 제스처로 완급을 조절하면서 말을 하는 것이다.

투자자가 발표자의 확신에 찬 눈빛에서 신뢰를 찾을 것이고 발표자의 진정성 있는 목소리와 태도에서 호감을 느낄 수 있을 것이다.

대화에서도 마찬가지이다.

가령, 한 친구가 다른 친구들의 말은 듣지 않고 자기의 주장만 고집한다고 치자. 그랬을 때 어떤 친구가 참지 못하고 그 고집스러운 친구에게 이렇게 말을 한다. "너는 너무 네 생각만 하는 것 같아. 네가 중요한 것처럼 다른 사람의 의견도 존중할 줄 알아야지. 자기만 존중받길 원하고 남을 무시하는 것은 어폐가 있지 않아?"라고 말이다.

그 친구의 얘기는 일관성 있는 핵심과 예시의 구체적인 논리로써 말을 했기 때문에 충분히 설득력을 가질 수 있다.

그런데 이런 대화를 할 때 어떤 분위기를 조성했는가도 중요할 수 있다.

왜냐하면 그 고집스런 친구의 입장에서는 아무리 논리적인 얘기일지라도 자존심이 상할 수 있는 부분이기 때문에 오히려 반감을 살 수도 있다.

감성적인 설득을 하는 경우엔 친구에게 먼저 따뜻한 미소를 건네면서 부드럽게 "너의 입장을 어느 정도 이해해. 나 역시 그럴 때도 있으니까. 근데 난 우리가 더 돈독해 졌으면 좋겠어. 솔직히 네 말에 상처받은 친구들도 있거든. 네 말이 그런 의도는 아니겠지만 가끔 친구들을 무시하는 것처럼 들릴 때도 있어."라고 말하는 방법이다.

여기서의 감성적인 부분은 바로 '진정성 있는 눈빛', '진실한 태도와 목소리' 등을 들 수 있다.

이성의 마음을 얻을 때도 마찬가지이다.

우리가 흔히 고백이나 프러포즈를 할 때 상대방이 무슨 말을 했는가도 중요하지만, 사실 고백을 할 때의 진정성 있는 눈빛, 호소력 있는 음성, 진지한 얼굴이 더 감동을 줄 수 있다.

왜냐하면, 논리적으로 상대방을 왜 좋아하는지 얘기할 때는 이성적으로 공감을 심어줄 수는 있지만, 그 사람의 마음을 침투할 수는 없기 때문이다.

그렇기 때문에 감성적인 설득 역시 이성적인 설득만큼이나 중요하다고 볼 수 있다. 즉, 논리적인 설득이 상대방의 이성을 침투하는 것이라면 비언어적인 감성적 설득은 상대방의 마음을 얻는 것이다.

토론에서 감성적인 설득은 감정적인 설득을 얘기하는 것이 아니다. 즉, 감정적으로 흥분하는 것이 아니라, 진정성 있게 말하는 것이 감성적인 설득이라 할 수 있다. 흥분을 하게 되면 논리적인 설득력이 떨어지기 때문에 상대방의 마음을 움직이기가 어렵다. 그렇기 때문에 토론에서는 흥분하지 않고 차분하게 논리를 펼치되, 논거를 진정성 있게 표현하는 것이 설득력을 높일 수 있는 좋은 방법이다.

설득을 이끄는 방법

설득을 할 때 고려해야 하는 부분이 바로 상대방의 방어벽을 무너뜨리는 것이다. 사람은 자신의 일정한 상태를 유지하기 위해 '항상성'이라는 것이 있는데 그 항상성을 유지하는 것이 바로 자율신경계이다. 자율신경에 교감신경과 부교감신경이 있는 것이다. 교감신경은 우리의 몸을 방어하기 위해 긴장을 유발하는 성질이 있고, 부교감신경은 우리의 몸을 원래대로 회귀하기 위해 이완하는 성질이 있다.

사람마다 최적의 리듬이라는 것이 있다. 그 리듬은 바로 교감신경과 부교감신경이 마치 오케스트라의 기분 좋은 연주처럼 일정한 상태의 흐름으로 움직이는 것이다.

교감신경에도 긍정과 부정의 감정이 있다. 긍정적인 감정은 설렘이나 흥분을 유발하는 도파민과 결합되었을 때의 감정이고 부정적인 감정은 누군가 자신을 공격하거나 스스로를 적극적으로 방어하기 위해 아드레날린과 결합될 때의 감정이다.

부교감신경에도 두 가지가 있다. 긍정적인 부교감신경은 아세텔콜린이라는 호르몬과 날숨이 결합되었을 때 편안함을 주는 역할을 한다. 부정적인 부교감신경은 코르티솔이라는 호르몬과 날숨이 결합할 때 나오는 우울함과 지루함이다.

설득을 잘하려면 처음이 방어적이고 공격적인 교감신경을 서서히 녹여서 설렘을 주는 도파민의 긍정적인 교감신경과 편안함을 주는 아세틸콜린과 결합된 부교감신경을 자극해 긍적적인 항상성의 리듬을 만들어 주는 것이다.

즉, 설득을 잘하는 사람은 상대방의 긴장을 유발하는 교감신경을 서서히 녹여 긍정적인 교감신경과 부교감신경으로 활성화하는 것을 잘하는 사람이다.

일정한 상태를 유지하려는 성질을 신체적으로 항상성이라 하고 심리학적으로는 자존심이라고 한다.

설득에서 바로 이러한 부분을 잘 생각하고 접근하는 것이 중요하다. 즉, 방어벽과 자존심을 은근한 공감대와 부드러운 제스처와 화술로써 접근해야 어느새 듣는 이도 모르게 설득이 되는 것이다.

가령, 입시생이 부모님에게 미술학과를 허락 맡을 수 있도록 설득하는 상황이라고 가정해보자. 먼저 부모님이 미술학과에 대해 호의적인 반응이라면 설득에 유리할 수가 있다. 부모님 역시 입시생인 내가 그 과를 가는 것에 좋은 반응을 보이든지 또는 그 과에 가는 것에 대해 거부감을 받지 않는다면 설득이 쉬울 것이다.

그렇다면 부모님이 미술학과에 가는 것에 대해 반감을 품고 있을 때는? 바로 그러한 상황이 설득에 불리한 조건이 될 수가 있다.

이때는 부모님의 반응에 당황하지 않고 침착함을 유지하면서 '왜' 미술학과에 갈 수밖에 없는지를 논리적으로 얘기해야 한다. 가령, 미술학과의 비전과 그리고 나의 능력, 앞으로 미술학과에 들어가서의 나의 계획에 대해 논리적인 당위성을 얘기하는 것이 부모님의 이성을 지배할 수 있는 방법이다.

하지만 논리적인 당위성만큼 중요한 것이 설득을 할 때의 분위기이다. 만약 부모님이 바쁜 상황이나 피곤한 상태라면 그때 설득을 하는 것은 바람

직하지 않다. 왜냐하면, 실패할 확률이 높기 때문이다. 상대방의 이성을 지배하는 것만큼이나 감성을 침투하는 것은 중요한 일이다. 왜냐하면, 감성을 침투한다는 것은 상대방의 방어벽을 무너뜨려 나의 의견을 관철할 수 있는 기회를 만드는 것이기 때문이다.

따라서 설득을 할 수 있는 분위기를 만들어야 조금이라도 유리한 입장에서 나의 의견을 말할 수가 있다. 그럼에도 불구하고 상대방의 나의 의견에 방어적이라면? 그럴 때는 논리적인 방법과 더불어 감성적인 즉, 비언어적인 방법을 동원해야 한다. 여기서의 비언어적인 설득이란, 진심어린 눈빛과 목소리 그리고 감정과 제스처를 이용해서 상대방의 마음을 침투하는 것이다.

우리가 흔히 '내 마음 약해지게 왜 이래?'라고 말하는 것은 이미 마음이 흔들리고 있다는 증표이다.

즉, 상대방에게 논리적으로 얘기하는 것과 동시에 대화를 할 수 있는 부드러운 분위기를 유지하면서 비언어적인 진심 가득한 말투와 감정을 가지고 말하는 것이다.

예를 들어, "내가 미술학과를 갈 수밖에 없는 이유는 첫 번째 내가 미술을 너무 좋아해서야. 그리고 내가 충분히 잘할 수 있어서고. 그리고 앞으로 미술에 대한 진로가 밝기 때문에 내가 졸업을 할 때쯤이면 충분히 밥을 먹고 살 수 있을 정도로 미술 산업이 발전해 있을 거야."라고 논리적으로 얘기를 해서 '왜 내가 미술학과를 갈 수 밖에 없는지'를 논리적으로 얘기해서 이성적인 설득을 한다면, 감성적으로는 시선을 마주치면서 부모님에게 진심어린 눈빛을 보내며 진정성 있는 목소리와 감정으로 호소한다면 설득 효과는 배가 될 수 있다는 것이다.

Tip

1. 침착함과 여유를 잃지 않음
2. '왜'라는 질문에 대한 논리적 당위성
3. 상대의 마음을 타이밍에 맞추어 이성과 감성을 동원해 지배함

6장

실전 논리적으로 말하기

실전 논리적으로 말하기

6

실전 논리적으로 말하기

논지를 명확히 하라

논지란 논하는 말이나 글의 취지를 말한다. 그런데 이야기나 문장에서 논지가 명확하지 않으면 이해하기가 애매하고 취지가 불분명해진다.

다음의 이야기를 살펴보자.

'명절에는 평소보다 과식하기 마련이다. 명절에는 보통 전 튀김 산적과 같은 기름진 음식을 과하게 먹는다. 그 후유증으로 소화가 잘 되지 않거나 속이 쓰리고, 변비가 생기기도 한다. 그래서 명절증후군의 원인을 낳기도 하고 부부싸움의 원인이 되기도 한다.'

- 먼저, 서론과 본론에서의 이야기와 결론의 이야기가 맞지 않는다. 음식과 건강에 대한 이야기를 하다가 부부싸움 얘기로 넘어가는 것은 부자연스럽다. 두 번째 '명절에는' 부분에서는 접속사를 활용해 매끄럽게 표현하는 것이 더 좋다.

위의 문장을 이렇게 바꾸면 더욱 논지가 분명해진다.

'명절에는 평소보다 과식하기 마련이다. 그래서 명절에는 보통 전 튀김 산적과 같은 기름진 음식을 과하게 먹는다. 그 후유증으로 소화가 잘 되지 않거나 속이 쓰리고, 변비가 생기기도 한다. 그렇기 때문에 명절 기간에 음식을 과하게 먹기 보다는 자신의 건강을 생각하면서 적당하게 즐기면서 먹는 것이 중요하다.'

다음 문장을 살펴보자.

'분노조절장애는 정확히 표현하자면 '간헐적 폭발성 장애'다. 폭발적 행동이 자기 의사와 상관없이 발작적으로 일어나며, 간헐적으로 반복된다. 파괴적이며 충동적 행동과 폭력 등이 특징이다. 분노조절장애는 우리 사회의 책임이며, 우리가 풀어가야 할 숙제이다.'

- 위의 문장 역시 서론과 본론에서의 이야기와 결론의 이야기가 맞지 않는다. 분노조절장애에 대한 이야기를 하다가 사회 문제로 넘어가는 것

> 은 비약이다. 결론의 사회적 책임으로 이어가는 문장으로 가려면, 서론이나 본론 부분에서 분노조절장애의 원인과 사회의 문제를 같이 결부시켜야 한다.

위의 이야기의 논지를 명확하게 바꾸려면 이렇게 정리해야 한다.

'분노조절장애는 정확히 표현하자면 '간헐적 폭발성 장애'다. 폭발적 행동이 자기 의사와 상관없이 발작적으로 일어나며, 간헐적으로 반복된다. 파괴적이며 충동적 행동과 폭력 등이 특징이다. 증상은 주로 10~20대에 시작되는데, 경쟁적인 입시와 취업문제로 인해 야기되는 부분도 크다고 할 수 있다. 그렇기 때문에 분노조절장애는 우리 사회의 책임이며, 우리가 풀어가야 할 숙제이다.'

이처럼 논리에서 논지 즉, 논리의 요지를 분명히 하는 것이 가장 기본적이고 중요한 부분이라 할 수 있다. 논지가 분명하지 않으면 말하고자 하는 논리의 핵심이 부족하기 때문에 설득력이 떨어질 수밖에 없다.

보편적 사실을 말하라

사실의 사전적 정의는 실제로 있었던 일이나 현재에 있는 일이다. 그리고 사실의 종류에는 개별적 사실과 보편적 사실이 있다. 먼저, 개별적 사실은 개인에 의한 구체적 사실을 말한다. 예를 들어, '며칠 전에 난 부산에 갔었는데, 초고층 건물들이 들어서 있었다."라는 문장에서 '부산에서 본 초고층 건물들'은 내가 개인적으로 본 건물이므로 개별적 사실이라 할 수 있다.

이에 반해, 보편적 사실은 누구나 알 수 있는 사실을 말한다. 가령, "한국에는 악어가 살지 않는다."의 문장에서 누구나 알 수 있고, 확실히 증명된 사실을 말한다. '한국에 악어가 살지 않는다.'는 사실은 이미 증명된 사실이기 때문에 보편적 사실이라 할 수 있다.

그렇다면 논리적으로 말하는 데 있어 보편적 사실이 왜 중요할까? 개별적 사실은 말 그대로 개인적이면서 국한된 사실이기 때문에 누구나 공감하거나 납득할 수 있는 사실이 아닐 수가 있다. 즉, 개별적 사실의 진위여부가 중요한 것이 아니라, 사람들의 공감과 증명의 여부가 중요한 것이다. 사실은 실제로 있었던 것을 전제로 하기 때문에 그 자체로 '참'이 될 수 있지만, 보편적으로 증명이 된 사실은 아닐 수 있다는 의미이다.

논리에서 중요한 것은 듣는 사람들의 납득과 설득력이다. 그렇기 때문에 개별적 사실은 듣는 사람의 공감과 납득의 차원에서 설득력이 떨어질 수 있다는 것이다.

물론, 보편적 사실이라고 해서 절대적 사실은 아닐 수 있다. 위의 문장에서 '한국에서 악어가 살지 않는다.'라고 했지만 만약, 악어가 산다는 것이 새로운 사실로 밝혀진다면 전자의 사실은 거짓이기 때문에 더 이상의 사실로서의 역할을 할 수 없다.

하지만 만약 그러한 잣대로 모든 보편적 사실에 대해 의문을 제기한다면 논리적으로 말하는 것 자체에 많은 제한이 생길 수밖에 없다. 그렇기 때문에 보편적 사실은 용인된 사실로서 사용할 수 있는 것이다.

결론적으로 말하면, 개별적 사실은 사실이기는 하지만 객관성이 결여되기 때문에 설득력이 떨어지고 보편적 사실은 절대적 사실은 아니지만 객관적이고 용인된 사실이기 때문에 설득력을 높일 수 있다.

따라서 설득력을 높이기 위해서는 개별적 사실보다는 보편적 사실을 활용해야 한다.

오류를 범하지 마라

오류의 종류에 대해서는 이미 말한 바가 있다.

토론회에서 설득을 저해하는 요인이 바로 '논리의 오류'이다. 대표적으로 범하는 논리의 오류가 바로 '일반화의 오류'와 '비유의 오류'이다.

일반화의 오류는 가령, "지금 한국 사회는 불행한 사람들로 가득 차 있습니다. 저도 힘들고 김성호라는 제 친구도 역시 행복하지 않고, 옆집에 사는 아주머니도 늘 한숨을 달고 살고 있습니다. 그렇기 때문에 한국 사회는 불행하다고 할 수 있습니다."라고 말하는 것이다.

위의 문장에서 '나'와 '친구', '옆집' 사람이 불행하다고 해서 한국 사회 전체가 불행하다고 하는 것은 논리의 비약이라 할 수 있다.

특히, 토론을 할 때 일반화의 오류는 흔히 범하는 실수 중에 하나이다. 마치 화자가 한 경험이 전부인 것처럼 말할 때도 있고, 본인의 예시가 마치 통상적인 사실인 것처럼 말할 때도 있다. 일반화의 오류는 가장 흔한 실수 중에 하나이기 때문에 조심하고 또 조심해야 한다.

두 번째 논리의 오류 중에 하나가 바로 비유의 오류이다.

예를 들어, '친구와 와인 모두 오래 되어야 좋은 것이다.'라는 비유를 살펴보자. 친구와 와인에서 '오래되어야 더욱 깊이를 느낄 수 있다.'라는 공통점의 제반환경이 있다고 말할 수 있기 때문에 적절한 비유라 할 수 있다.

그렇다면 다음 문장을 살펴보자.

'사람과 여행 모두 살아 숨 쉰다는 것이다.'

이 문장에서 화자는 생동감을 강조하려는 취지는 알겠지만, '여행과 생명력'의 비유는 적절치 않다. 즉, 사람과 여행의 생명력은 비유의 공통점이 적절치 않기 때문에 좋은 비유라 할 수 없기 때문에 설득력이 떨어지는 문장이라 할 수 있다.

이처럼 논리에 있어서 오류가 생기거나 오류를 범하면 설득력이 떨어지므로 각별히 주의해야 할 필요가 있다.

의견과 논증을 구별하라

의견은 어떤 대상에 대하여 가지는 생각을 말하고, 논증은 옳고 그름을 근거를 들어 밝히는 것을 말한다.

가끔, TV에서 토론회를 하는 것을 보면 의견과 논증을 구별하지 못하는 것을 흔히 볼 수 있다. 의견은 말 그대로 어떤 대상에 대해 가지는 생각과 견해이다. 그렇기 때문에 의견자체로는 설득력을 높이는 데 한계가 있다.

가령, 어떤 사람이 "제 생각에는 한국 사회가 문제가 많다고 판단됩니다."라고 말했다고 가정해보자. 위의 의견은 비록 사실이라고 하더라도 주장의 논거가 없기 때문에 설득력이 떨어질 수밖에 없다.

물론 모든 논리에서 논거를 가지고 얘기를 할 수 없는 부분도 있다. 어떤 결론의 유추와 추정의 경우는 개인적 의견과 견해가 들어가는 경우도 있다. 하지만 의견의 경우 논리적으로 검증되지 않은 부분이 있기 때문에 가급적이면 삼가는 것이 좋다.

위의 문장에서도 "한국 사회는 청년 실업과 고용문제 그리고 복지의 결여로 인해 다양한 문제를 야기하고 있습니다."라고 말하는 것이 더욱 설득력을 높일 수 있다.

즉, '제 생각에는 한국 사회가 문제가 많다.'라고 얘기하는 것과 '청년 실업과 고용 그리고 복지' 등의 구체적인 근거가 있기 때문에 설득력이 있다고 말할 수 있다.

하지만 자신의 의견과 견해가 마치 논증인 것처럼 말하는 경우가 많다. 심지어 공신력 있는 토론회에서도 그러한 오류를 범하는 경우가 많다는 부분에 놀라움을 금하지 못한다. 물론 필요에 따라 의견과 견해를 내세울 수도 있고, 자신의 생각을 내비치는 것이 잘못된 것이 아니다. 중요한 것은 자신의 의견이 사실이고 증명된 것처럼 말하는 것이 문제라는 것이다.

그렇기 때문에 토론이나 논리를 내세울 때는 의견과 논증을 구별해서 말하는 것이 중요하다. 의견과 견해는 개인적이고 개별적인 생각이므로 설득력이 떨어지는 반면, 논리를 바탕으로 하는 구체적인 논증의 경우 설득력을 높일 수 있다.

근거를 제시할 때는 논거를 갖고 말하라

먼저 다음에 문장을 살펴보자.

저녁형 인간이 아침형 인간보다 더 높은 지능을 갖고 있습니다. 저녁형 인간이 여러 부분에서 호기심도 많고 새로운 것을 선호하기 때문에 아침형 인간보다 더 높은 지능을 갖고 있다고 생각합니다. 그렇기 때문에 아침형 인간만을 선호하는 것은 옳지 못합니다.

- 이야기 자체는 논리적이다. 왜 저녁형 인간이 아침형 인간보다 더 높은 지능을 갖고 있는지에 대해 근거를 갖고 말하고 있다. 하지만 여기서 신뢰가 떨어지는 부분이 바로 '전문적인 견해' 부분이다. 자신의 생각보다는 일반적인 사실이나 전문성이 뒷받침이 된 근거가 설득력을 높일 수 있다.

위의 문장을 이렇게 바꾸면 더욱 논리적이다.

런던정경대의 연구에 따르면 저녁형 인간이 아침형 인간보다 더 높은 지능을 갖고 있다고 합니다. 런던전경대의 연구진들은 "사람들이 대개 아침을 기준으로 삼는 경우가 많은데, 올빼미형은 진화론적으로 새로운 것을 선호해 고도의 인지적인 복합성을 갖추게 된다"고 연구결과를 밝혔습니다.

그렇기 때문에 아침형 인간만을 선호하는 것을 옳지 못합니다.

또 다음의 문장을 살펴보자.

모유수유를 한 아이가 그렇지 않은 아이보다 아이큐가 높습니다. 그렇기 때문에 모유수유는 아이들의 지능발달에 매우 커다란 영향을 미칠 수 있습니다.

- 이야기 자체는 모순이 없는 것 같다. 하지만 자세히 들여다보면 이야기의 의견에 근거가 부족하다는 것을 알 수 있다.

위의 문장을 다음과 같이 바꿔보자.

브라질 연구팀에 의하면 조사 대상은 1982년에 태어난 브라질 국민 3천500명을 조사한 결과, 이들이 서른 살이 됐을 때 모유를 1년 이상 먹은 집단은 모유를 한 달 이하로 먹은 집단에 비해, IQ가 4포인트 높았다고 합니다. 부모의 학력이나 소득수준, 어머니의 출산연령 등의 변수를 고려해도, 모유 수유를 오래 하면 IQ가 높아진다는 사실은 마찬가지였다는 것입니다.

온전한 전제를 만들어라

전제란 무엇인가?

어떤 명제를 근거로 하여 다른 명제를 도출해 내는 경우, 근거가 되는 명제를 전제라 한다.

그런데 토론이나 설득을 하다보면 전제가 오류가 있어서 설득력이 떨어지는 경우를 흔히 볼 수 있다.

예를 들어, 어떤 문장을 살펴보자.

'사람은 누구나 고기를 좋아합니다. 우리나라만 보더라도 고기를 좋아하지 않은 사람은 보기가 드뭅니다. 그만큼 고기를 좋아한다는 의미죠. 고기를 가지고 제육볶음처럼 볶아 먹기도 하고 육개장처럼 찌개를 해서 먹기도 하며 쌈밥처럼 쌈을 싸서 먹기도 합니다.'

위의 이야기의 전개는 일관성이 있다. 하지만 위의 부분에서 눈 여겨 봐야 할 부분은 바로 전제의 오류이다. 전제가 온전하지 못하면 결론 역시 온전하지 못하다는 것이다. '사람은 누구나 고기를 좋아한다.'는 말은 얼핏 보면 맞는 말 같지만 고기를 좋아하지 않는 사람이 있을 수도 있기 때문에 온전하다고는 볼 수 없다. 그렇기 때문에 위의 전제는 일반화의 오류를 지니고 있기 때문에 논리적이지 않다.

따라서 다음과 같은 문장이어야 논리의 오류가 없다.

'고기를 가지고 많은 요리를 할 수 있습니다. 고기를 가지고 제육볶음처럼 볶아 먹기도 하고 육개장처럼 찌개를 해서 먹기도 하며 쌈밥처럼 쌈을 싸서 먹기도 합니다. 물론, 누구나 고기를 좋아하지는 않지만 고기를 좋아하는 사람은 다양한 요리를 해 먹을 수 있습니다.'

또 다른 문장을 살펴보자.

'반신욕은 건강에 해롭다. 특히 노인이나 고혈압, 심근경색, 뇌졸중 등 심장이나 혈관에 문제가 있는 사람은 뜨거운 물에서 오랜 시간 반신욕을 하면 혈관이 급작스럽게 이완과 수축을 반복해 협심증이나 심혈관계 질환이 악화될 수 있다.'

위의 문장은 얼핏 보면 근거를 바탕으로 한 주장이기 때문에 논리의 오류가 없어 보이지만, 자세히 살펴보면 심각한 논리의 오류를 발견할 수 있다.

반신욕을 오래하면 건강상 약한 노인에게 해로울 수도 있고, 심혈관계 질환을 유발할 수도 있지만, 적당한 반신욕은 건강에 이로울 수 있기 때문에 반신욕이 반드시 건강에 해롭다는 전제는 오류가 있는 것이다.

논리적인 비약을 주의하라

논리를 펼칠 때, 사고나 이치가 단계를 뛰어 넘을 때 설득력이 떨어진다. TV 토론회에서 흔히 볼 수 있는 부분이 바로 논리적인 비약이다. 논리에 비약이 있으면 상황이 이치에 맞지 않기 때문에 공감을 하기 어렵게 된다.

그렇기 때문에 논리를 펼칠 때 이치에 맞지 않는 비약을 주의해야 한다.

논리의 비약을 예를 들어 생각해 보자.

'행복하기 위한 가장 중요한 요소는 무엇일까요? 그것은 바로 건강입니다. 아무리 돈이 많아도 아무리 명예가 있어도 그리고 사랑하는 사람이 있어도 건강을 잃으면 다 소용없기 때문입니다. 그렇기 때문에 건강을 관리하기 위해 노력해야 합니다.'

- 이야기 자체는 논리적인 것처럼 보인다. 하지만 자세히 들여다보면 논리의 오류를 발견할 수 있다. 행복하기 위한 가장 중요한 요소가 건강이라 했는데, 반드시 그렇지 않을 수도 있기 때문이다. 아무리 건강해도 돈이 없으면 불행할 수도 있고, 주위에 아무도 없게 되면 극심한 외로움에 시달려 불행할 수도 있기 때문이다. 그렇기 때문에 논리의 비약이라 할 수 있다.

논리적인 비약을 없애려면 다음과 같이 문장을 바꾸는 것이 좋다.

'행복하기 위해 필요한 요소는 무엇일까요? 바로 돈, 명예, 사람, 건강 등이 있습니다. 건강 역시 매우 중요한 부분입니다. 아무리 돈이 많아도 아무리 명예가 있어도 그리고 사랑하는 사람이 있어도 건강을 잃으면 다 소용없기 때문입니다. 그렇기 때문에 건강을 관리하기 위해 노력해야 합니다.'

다음 문장도 살펴보자.

'사람마다 다양한 색깔과 견해를 갖고 있는데 한 가지 색이나 의견으로 획일화 하는 것은 옳지 않다고 생각합니다. 예를 들어, 무지개도 다양한 색깔을 갖추고 있고 오케스트라도 다양한 소리가 만들어져 하나가 되는 것처럼 우리는 다양한 사람의 의견을 존중해야 합니다.'

- **얼핏 보면 예시와 비유로써 다양한 견해에 대한 논리를 내세우는 것 같지만 사실 파헤쳐보면 비유가 적절치 않다. 무지개의 색깔과 다양한 견해는 다양성이라는 공통점은 갖고 있지만 사람의 견해와 의견이라는 측면보다는 미적인 측면으로 인해 이야기의 본질에 어긋날 수 있고 오케스트라의 경우는 다양성 보다는 협동에 대한 얘기이기 때문에 비유의 논점이 다르다.**

역시 이렇게 문장을 바꾸는 것이 이치에 맞다.

'사람마다 다양한 색깔과 견해를 갖고 있는데 한 가지 색이나 의견으로 획일화 하는 것은 옳지 않다고 생각합니다. 예를 들어, 하나의 의견을 획일화 하는 것은 민주주의의 다양성을 인정하는 취지에도 어긋납니다. 외국의 사례에서도 다양성이 얼마나 중요한 부분인지 알 수 있습니다. 미국이라는 나라가 인정 받는 이유도 다양한 소리와 견해를 인정하는 성숙한 시민의식과 제도를 갖추었기 때문입니다. 그렇기 때문에 다양한 의견을 인정하고 존

중하는 것은 성숙한 민주주의를 만드는 데 있어 매우 중요한 부분입니다.'

이처럼 논리에 있어 비약은 설득력을 저해하는 큰 원인이 될 수 있다. 그렇기 때문에 비유를 할 때는 구체적인 공통점을 찾고 비유의 제반환경을 유사하게 갖추어야 논리의 오류를 범하지 않고 설득력을 높일 수 있다.

효율적인 토의의 방법

토의는 서로 어떠한 주제를 갖고 논의를 하는 것이고, 토론은 자신의 주장을 상대방에게 펼쳐 설득을 시키는 것이다. 따라서 토의는 공동의 문제를 해결하는 것이므로 상대방의 얘기에 먼저 경청을 하고 반응 및 호응을 하며 구체적인 방안을 얘기하는 것이 원칙이다.

가령, 토의 주제가 '악성 댓글에 대한 대책'이라고 하자.

A : 인터넷 악성 댓글을 다는 이유는 익명성이 보장되어서입니다. 그렇기 때문에 인터넷 실명제가 반드시 실행되어야 합니다.

B : 물론, 인터넷 실명제로 인해 제도적으로 악성 댓글이 줄어들 수 있습니다만, 그로 인해 개인의 자유 역시 줄어드는 단점이 있습니다. 그렇기 때문에 모든 사이트에서 실명제를 하는 것보다는 개인적인 신변이나 악성 댓글에 대한 우려가 있는 부분에 한해 제한적으로 실명제를 거론하는 부분도 검토되어야 합니다.

이처럼 토의에서는 상대방에 대한 경청과 이해 그리고 구체적 방안제시가 중요하다.

이에 반면, 토론의 경우는 '설득과 논증'이 중요한 부분이다.

설득이라는 것이 자신의 의견을 남에게 일방적으로 주입하는 것이 아니라, 상대방의 이야기를 듣고 좋은 것은 인정을 하고, 자신의 의견을 주장하는 것이다.

가끔 100분 토론과 같은 프로그램을 보면, 아예 상대방의 얘기는 듣지도 않고, 처음부터 묵살해버리는 광경을 자주 볼 수 있다.

그러한 것은 설득이 아니라, 자신의 의견을 주입해 버리는 것 외에는 아무것도 아니다.

토론에서 자신의 주장을 얘기할 때는 일목요연하게 논리적으로 얘기해야 한다.

효과적인 토론의 기법

가령, '체벌'에 대한 얘기를 할 때, 만일 체벌을 금지해야 한다면 왜 금지를 해야 하는지에 대해 논리적으로 얘기하지 않고, 단지 체벌은 금기시되어야 한다는 추상적 논증을 펼친다면 듣는 이의 귀에 쏙쏙 들어오지 않는다는 것이다.

구체적 주장과 논증이란, "대한민국 헌법 1조에서도 나와 있듯이, 누구나 존중을 받고 하나의 인격체로서 대우를 해야 하기 때문에, 체벌을 그 어떤 방법으로도 용납될 수 없습니다."라고 구체적으로 풀어서 말을 하는 것이다.

반대의 경우도 "인격체로서 존중을 하는 것은 맞지만, 권리는 스스로 의무를 다할 때 주어지는 것이므로, 더 이상 어떠한 방법으로도 고쳐지지 않는다면, 아이와 대의를 위해 이성적인 체벌을 가능하다고 주장합니다." 등의 구체적인 진술로서 주장을 하는 것이 관건이다.

따라서 어떤 주장을 펼칠 때는 반드시 일목요연하게 사실에 근거해서 얘기를 해야 신뢰가 갈 수 있다.

그 다음 중요한 부분은 '논증의 방식'이다. 이미 앞서서 논리시간에 충분한 얘기를 한만큼 요약해서 설명하자면, '구체적 전개', '삼단논법', '변증법적 논리'로서 논증을 하는 것이다.

구체적 전개는 "저는 군가산점 제도에 찬성합니다. 왜냐하면, 20대에 피 끓는 청춘기에 나라와 국민을 위해 봉사를 한다면 거기에 합당한 보상을 해야 함은 당연한 권리이기 때문입니다." 이렇게 인과, 예시, 비교, 대조, 비유 등으로 설명하는 것이다.

삼단논법은 "모든 국민은 행복추구권이 있습니다. 김철수씨도 비록 범죄를 저질렀지만 우리나라의 국민입니다. 따라서 김철수씨 역시 행복을 추구할 권리가 있는 것입니다." 라고 대전제-소전제-결론으로 전개를 하는 방식이다. 이때 중요한 점은 소전제는 대전제의 범위에 반드시 포함되어야 한다. 그렇지 않으면 논리가 성립되지 않는다.

마지막으로 변증법의 논리이다. "모든 국민은 행복추구권이 있습니다. 하지만, 사람을 살해한 범죄자에게 그 권리를 부여하는 것은 어패가 있습니다. 따라서 행복추구권의 범위를 제한해야 함은 마땅합니다."라고 전개하는 방식이다. 변증법은 정-반-합의 논리이며 어떠한 전제를 내고 그 전제에 반하는 논리를 펼쳐서 결국 조율과 통합을 한다는 논리이다.

토의, 토론을 할 때 빠질 수 있는 함정은 바로 일반화의 오류와 감정호소의 오류, 흑백논리의 오류 등이다.

일반화의 오류란 어떤 예로 든 논지와 논술이 마치 모든 경우에 해당되는 것처럼 일반화를 시키는 것을 말한다.

가령, "저도 제 친구도 놀이동산을 좋아하지 않습니다. 그러므로 대부분 놀이동산에 가는 것을 좋아하지 않죠."라고 말을 했을 때 몇 사람이 좋아하지 않는다고 해서 모두 싫어하는 것은 아니기 때문에 모든 것을 일반화시킨다는 것은 어폐가 있다는 얘기이다.

또한, 감정호소의 오류란 "지금 시대에 얼마나 불쌍한 사람들이 많습니까? 자영업자 그리고 임시직 노동자들 모두 힘겹게 일하고 있습니다. 이들 모두에게 상여금을 지급해야 한다고 생각합니다." 등으로 감정적인 방법으로 호소를 하는 경우다.

그리고 흑백논리의 오류는 "당신을 분명 저를 싫어하지 않습니다. 그렇기 때문에 저를 좋아하는 것이 확실합니다." 라고 얘기하면서 '이것이 아니면 저것이다.' 라고 양분화 시켜 얘기를 하는 것을 말한다.

이런 오류들은 토의, 토론 시 논리적이고도 구체적인 논증을 방해하는 요소이다.

또한 설득을 할 때 주의할 점은 **먼저 상대방의 얘기를 듣고 인정할 것은 인정하고 그리고 주장하거나 얘기할 것을 말해야 한다는 점이다.**

그리고 상대방이 얘기하는 논지를 잘 숙지한 후 일관성을 갖고 그 논지에 대해서만 얘기해야 한다.

예전에 어떤 토론회에 참석한 적이 있었는데, 거기에 패널로 참석한 어떤 분이 '학교폭력에 대해 얘기하다가 자신의 얘기만 나열하며 어렸을 때 어떠했고 그래서 지금은 어떠했다.'라고 에피소드의 나열로 줄곧 토론을 한 적이 있어 눈살을 찌푸린 적이 있었다.

그 분의 잘못된 부분은 상대방의 얘기를 듣지 않고 자신의 얘기만을 했다는 점이고 두 번째는 그 논지와 벗어나는 이야기를 많이 해서 토론의 집중력을 저해시켰다는 점이다.

이처럼 토의와 토론은 집중을 요하기 때문에 더욱 상대방의 경청에 대한 이해가 중요하다.

1. SNA 온라인강의 특징

STEP 1
- PPT를 통해 교육생의 이해를 돕는 세심한 강의

STEP 2
- 강사위주의 일방적 강의가 아닌 교육생 중심의 1:1 소통 강의

STEP 3
- 연기와 스피치의 기초부터 실전에 이르기까지의 체계적 교육과정

STEP 4
- 최적화된 온라인 교육환경 (HD시스템, 스마트 폰 지원)

2. SNA 오프라인 교육특징

연기교육	스피치교육	특강교육	기업체강의
입시생, 오디션, 기획사 소속배우 1:1 레슨	자신감, 발음교정 면접, 프레젠테이션 선거, 논술, 스피치 1:1 레슨	연기 - 화술,제스처 감정,면접,합격비법 스피치 - 보이스코칭 면접,프레젠테이션	연기 - 실전연기 연기심리치료 스피치 - 실전면접 실전프레젠테이션 소통방법,설득기술

조리 있게 말을 하는 사람이 성공한다.

말을 논리적으로 한다는 것은 이야기를 이치에 맞게 표현하는 것이다. 바꿔 말해, 말을 하는데 있어 이치에 맞지 않으면 상대방의 마음을 움직일 수가 없다는 의미이다.

말을 조리 있게 하면, 대화나 토론 등을 할 때 상대방의 마음을 논리적으로 움직일 수 있는 큰 힘이 생긴다.
그렇기 때문에 말을 논리적으로 하게 되면 대화나 협상 등의 자리에서 엄청난 설득력을 지닐 수 있다.

이 책은 말을 논리적으로 잘 할 수 있는 실질적인 방법을 제시한다. 논리를 기반으로 해서 대화, 소통, 면접, 프레젠테이션, 토의, 토론 등 일상의 스피치에서 조리 있게 말을 잘하는 모든 방법을 제시한다.

SNA연기스피치

대표 : 김규현

주소 : 서울시 강남구 개포동 1196-7

Tel : 070) 8274-3225

홈페이지 : www.esna.co.kr